WHAT TO DO

もし部下が

IF YOUR SUBORDINATE LOSES

やる気を

THEIR MOTIVATION.

著―和泉祐子

なくしたら

リーダーが1年目に学びたいこと

BLISHING CO., LTD

5700万人の頭を悩ます「部下の育成」

「部下を育てるのが得意という方、手を上げていただけますか？」

管理職向けの講座の冒頭で、私が受講者の方々にいつも尋ねる質問です。どの講座でも、まったくといっていいほど手は上がりません。私は重ねて質問します。

「では、得意ではないけれど苦手でもない、という方は？」

この質問にも、ほとんど手は上がりません。控えめに、ちょっと手を動かす方が会場に一人か二人いらっしゃる程度です。

「では、苦手という方はいらっしゃいますか？」

この質問には、ほとんどの手が上がります。毎度のことではありますが、**やはり部下の育成は、大半の組織人が抱える大きな課題**なのだと痛感する瞬間です。

日本の就業人口約6700万人のうち、一般企業や官公庁、地方自治体など、いわゆる「組織」で働く人は約6000万人。入社1～3年目の若手を除くと、全国でざっと5700万人のビジネスパーソンが、部下や後輩を育てるという使命を担って働いています。

にもかかわらず、「部下を育てるのが得意」という方が極端に少ないのはなぜでしょうか。

その理由は、「**誰も体系的に教わったことがないから**」ではないかと私は考えています。

全員が自己流。知識もテクニックもなく、ひたすら努力と忍耐、そして根性で指導しているからうまくいかないのです。

部下の育成ストレスは「期待」と「現実」のギャップ

私は研修講師として、年間1000人以上とお会いしますが、部下の育成が得意という方は滅多にいません。むしろ「言うことを聞いてくれない」「何を言っても反応が薄い」「モチベーションが低い」など、ストレスを抱える声が聞こえるばかりです。

部下の育成ストレスの原因は、**上司が部下に対して抱く「期待」と、それに対して部下が見せる反応、つまり「現実」とのギャップ**だと私は考えています。

上司には「自分が若い頃は○○していた」「新人なら○○するのが当たり前だ」という、自分自身の経験から得た〝常識〟があります。そして無意識のうちに、部下がその常識通りに反応することを期待しています。

自分の常識が「一般社会の常識」だと固く信じている上司は、丁寧な説明など必要ないと考えているのです。

しかしながら、部下は上司の常識も、期待値も知るよしがありません。**まったく悪気なく、自分の〝常識〟に基づいて行動します**。そのため、自分がとった行動に対して上司が不快な表情を浮かべても、なぜ上司の不興《ふきょう》を買ったのか理解できずに戸惑うばかり。この状態が続けば、お互いに不信感が募り、関係が険悪になってしまいます。

社会経験の差があるので、自分の常識が上司の常識とかけ離れていることに気がつけないのは無理もないのですが、こんなに切ない話はありません。

はじめに伝えるべきは明確な期待値

上司であるあなたは、**部下に対して明確な期待値を伝えていますか？**

非常に単純なことのように思いますが、意外にも期待値を具体的に伝えている上司は少数派。日本人特有の「言葉にしなくてもわかり合える」という価値観が、期待値の言語化を邪魔してしまうようです。

「上司に認められたい」という気持ちは、今も昔も変わりません。どうすれば上司に褒められるのか――その答えが明確であれば、そこに向かう自然な努力が生まれるでしょう。だからこそ、最初に期待値を伝える効果は絶大なのです。

とはいえ、**部下の課題は十人十色**。一筋縄ではいきません。

本書ではさまざまなタイプの部下を想定し、上司の視点で具体的な指導例を紹介します。

部下が成長していく過程を通じて、上司もさらに成長できる。そんなWin・Winの関係が築かれるようにとの願いを込めて、この本をお届けします。

第1章 人材育成の枠組み作り

第2章

問題を解消する育成シナリオ　マインド編

社員No.

第3章

問題を解消する育成シナリオ　行動編

第4章

問題を解消する育成シナリオ　スキル編

第5章

問題を解消する育成シナリオ　関係構築編

第6章

問題を解消する育成シナリオ　上司力を磨く編

ブックデザイン：木村勉
図表・DTP：横内俊彦
イラスト：カケヒジュン
校正：黒田なおみ（桜クリエイト）
編集：鈴木遥賀

第1章

人材育成の枠組み作り

時代と共に変化する上司と部下の関係性

私が若い頃、「バカかお前は！　そんなの自分で考えろ」という言葉が、上司の決まり文句として広く使われていました。

大量採用で組織に人があふれていた昭和の時代は、それでよかったのだと思います。時間がかかっても自分で考えて、答えを見つけた人が、競争を勝ち抜いて昇進・昇格していきました。

しかし、今はそんな時代ではありません。

現場は常に最低限の人数で、ギリギリの状態。自分で答えを見つけるまで待っていたら、いつになっても仕事を任せることができません。成り行き任せなやり方では、スピード感が重要な現代社会から置いていかれます。

一日も早く一人前になってもらう一番の近道は、とにかく**正解を先に示すこと**。

情報過多の時代に育った若い世代は、ゼロから自分で考えるたくましさでは劣っているかもしれません。

しかしその一方で、情報を処理して模倣する力は、ずば抜けています。若い世代の方々が、動画を見ているだけでピアノを弾けるようになったり、魚をおろせるようになったりすることは、昭和世代の私には考えられない才能です。

それならば、その模倣力や器用さを活かさない手はありません。模倣を繰り返すうちに要領をつかんで、少しずつ自分で考えられるようになっていきます。


このような特長を持つ若い世代を育てるためには、上司もそれに対応した指導をすることが必要です。具体的な指導例に入る前段として、まず、人材育成のベースとなる枠組みを理解すると、さらに効果が高まります。

職場の人材は、仕事を通じて成長しますので、部下に指示を出す流れにそって考えてみましょう。

求める結果を具体的に示す

部下に仕事の指示を出す場合、上司であるあなたはどのように伝えますか？

「第１四半期の売上結果をまとめておいてもらえますか」

これは最も失敗しやすい指示の出し方です。上司の頭の中には、美しく完成した報告書のイメージが浮かんでいることでしょう。

しかし、部下の頭の中は真っ白です。

上司に質問したくても、何をどう尋ねればいいかわかりません。やむを得ずインターネットで調べて、それらしいレポートを作るかもしれませんが、それが上司のイメージに見合う可能性は限りなく低いです。

受け取ったレポートを見て、上司はがっかりします。

「うーん、ちょっと違うんだよね」

「大体、報告要素の順番が違うなぁ」

「この数字は表じゃなくて、グラフで見せるべきでしょう」

と、矢継ぎ早にダメ出しをし、最終的には
「もう修正する時間もないな。仕方ない、今回は私がやるからいいよ」

と、仕事を取り上げてしまいます。


上司が「せっかく任せてみたけど、全然ダメだった」と落胆する一方、部下は「自分でやるなら、最初から人に振らなきゃいいのに」と憤慨します。

これが相互不信の第一歩というわけです。


では、どのように指示を出せば、求める結果を得られるのでしょうか。

「第1四半期の売上結果をまとめておいてもらえますか」

「期限は、今週金曜日の午後二時でお願いします」

「売上の数字は、昨年同期との比較を縦棒グラフで表示してください」

「月次の結果だけでなく、週次に展開したものもお願いします」

「グラフとは別に、あなたなりの考察も入れてもらえますか。うまくいっていることと改善が必要なことを、それぞれ二、三点ずつ簡潔に書いてください」

「全体量は、A4で3ページ以内にお願いします」

「以上の説明で、何かわからないことはありますか」

「何か困ったら、いつでも質問してくださいね」


と、こんな感じでいかがでしょうか。

「えっ、そんなに丁寧に説明しないとダメなの？」と思った方もいるでしょう。そうなのです。**初めての仕事を任せる場合には、自分が期待するアウトプットのイメージを、なるべく具体的に伝えることが大切です**。雑な指示を出せば、雑な結果しか戻ってきません。5W1Hに基づいて、可能な限り具体的に言語化しましょう。

最初にしっかり説明しておけば、2回目は「前回と同じ要領でお願いします」の一言で済むので簡単です。手間を惜しまず、最初の説明に時間をかけたほうがいいと思いませんか。

達成手段は本人に考えさせる

うまく指示を出して、「はい、終了」と思うのは早計です。部下が頭の中で具体的な行動を組み立てられているかどうかも、しっかり確認しましょう。具体的には、

「作業のイメージはできましたか？」
「手順を説明してみてください」

などと質問すればOKです。作業工程を説明できれば問題ないですし、どこかで行き詰まったら、改めて補足説明すればいいだけです。**この言語化プロセスを入れると、部下の手が動き出すまでの時間を劇的に短縮できる**のでおすすめです。

ここでもう一つ大切なことは、**いい結果を出すための手段や創意工夫を、本人に考えさせること**です。

自分で考えていなければ、いい結果が出たとしても「言われた通りにやっただけですから……」と謙遜し、手応えを感じられません。万が一にも、失敗した場合は、「言われた通りにやったんだから、失敗したのは上司の責任でしょ。私は悪くないです」と、他人に責任を押しつけやすくなります。

このような状態で部下の成長を期待するのは難しいですよね。

では、部下に自分で考えさせるためにはどうすればよいでしょうか。例えば、次のような質問を投げかけてみましょう。

「他の業務も忙しいですよね。時間調整はできそうですか？」
「見栄えよく仕上げるために、何か工夫はできそうですか？」

もし、部下のほうから、

「大丈夫です。毎朝30分をこの作業に充てます」
「プレゼンの本や、先輩の資料を見てみます」

などと自発的な発言が出たら合格です。それを**少しだけ大げさに肯定し、最後に改めて期待する結果のイメージと、達成するための手段について合意しましょう**。

他人に言われたことをやるより、自分で決めたことをやるほうが、ずっと楽しいと思うのが人情です。本人の取り組む姿勢が、ぐっと前のめりになります。

フィードバックと振り返りが重要

成果物が提出されたら、まず率直にフィードバックをしましょう。

上司が何も反応を示さないと、部下は「あれでよかったのだろうか」と不安になります。シンプルに「イメージ通りにできています。ありがとう」と伝えるだけで安心できます。

フィードバックをしたら、振り返りも大切です。

振り返りの際に、私はいつも「ヒーローインタビュー」のような質問をしています。スポーツの試合後、インタビュアーが活躍した選手に「今日の勝因（もしくは敗因）は、どのような点ですか」「次の試合に向けた意気込みを聞かせてください」と質問をするのは鉄板ですよね。

これらの質問は、そのまま職場で使うことができます。

予定通りに成功を収めたなら、

「成功の要因は、どんなことですか」
「初めてでこれだから、次はもっとうまくできますよね。どんな工夫をしますか」

万が一にも、十分な結果が得られなかった場合は、

「小さな成功にとどまったのは、何が不足していたからだと思いますか」

「もう一度やれば、きっと大成功できますよね。その時はどんな工夫をしますか」

という具合です。

成功も失敗も、記憶がホットなうちに言語化して、記録するように促しましょう。一連の振り返りプロセスによって、体系化されたノウハウが形成されます。その知見を踏まえて、次はもう少しレベルの高い仕事を任せましょう。人材育成は、このサイクルの繰り返しです。

しかし、「現実はそんなに簡単じゃない」と感じた方もいるでしょう。事実、その通りです。部下のタイプや置かれた環境、その時の状況によって、相手の反応はさまざま。任せた仕事に取り組んでいる中で、何か問題が発生することもよくあります。そんな時はどうしたらいいでしょうか?

問題は〈質問↓原因特定↓対策合意〉のシナリオで解決する

部下の見せる反応や、上司が指導に困る場面を想定した、具体的な対応策や可能性については次の章から考えていきます。
その前に、本書で基本となる「シナリオ」の型を説明します。そんなに難しいものではありません。シナリオの型はいたってシンプルです。

シナリオの型
①質問する↓②原因を特定する↓③対策を合意する

このシナリオの型を習得すれば、かなり広範囲に応用が効きますので、この機会にぜひ覚えてください。簡単にシナリオの流れを見ていきましょう。

上司にとって好ましくない、部下の態度や発言、行動はたくさんありますよね。

しかし部下は、「あえて失敗してやろう」とか「上司に嫌な思いをさせてやろう」などと思ってやっているわけではありません。先にお話しした通り、部下の言動の背景には、その人なりの常識、つまり、考え方や価値観があるはずなのです。


ここでの問題は、必ずしも部下がその価値観を自覚しているとは限らない点です。

そのためにまずは、①の**質問によって相手の考えを可視化**しましょう。

ただし、

「なんで○○しなかったの?」

「なんで△△しちゃったの?」

という質問はおすすめできません。
なぜなら**「なんで」は、できれば避けたいNGワード**だからです。一見、行動や発言の理由を尋ねているようですが、実際は純粋な質問には聞こえません。むしろ、非難しているニュアンスを含んで聞こえる可能性が高いので、要注意というわけです。
したがって、相手が答えやすいような形で質問する工夫が必要です。

「〇〇しなくても、うまくできそうだと思った理由を聞かせてもらえる？」
「△△すればうまくいくと思ったポイントは、どんなこと？」

このようにして**問題の背景を可視化していくと、いずれどこかで、問題を引き起こしている原因を見つけられます**。これが②の原因特定です。
ここまでくればあとは簡単。どうやって、その原因を取り除くか、まずは本人に対策を考えさせましょう。

繰り返しになりますが、他人に言われてやるより、自分で決めてやるほうがコミットメントは高くなります。
したがって、部下の考えた対策が「少し甘い」と感じた場合でも、それを否定したり、こちらから一方的に対策を提示したりすることは避けたいところです。**ヒントを**

授けて、部下がよりよいアイデアを見つけられるように導き、共に納得できる対策を練りましょう。これが③の対策合意です。

このように、〈質問↓原因特定↓対策合意〉というプロセスで改善を進めていけば、お互いに大きなストレスを感じることなく、問題を解決できるはずです。

問題が解決した際には、次の二点を必ず実践してください。

- 成果の大小にかかわらず、率直なフィードバックを返すこと
- ヒーローインタビューで二つの質問を問いかけること

それでは次の章から、部下の問題をマインド・行動・スキルなどに分けて、指導方法を考えていきましょう。

第2章

問題を解消する育成シナリオ

マインド編

マインドセットを考える

上司が好ましくないと思う、部下の困った態度や言動などの大半は、部下の「マインドセット」に起因すると考えています。はじめに、マインドセットのお話をしましょう。

マインドセットとは、育った環境や経験、教育などから形成された、その人なりの思考様式です。価値観や〝常識〟と捉えていただいてもいいと思います。

とはいえ、マインドセットは、一度形成されたらずっと固定化されるものではありません。人との交流や学習、経験などによって変化します。わかりやすい例は子どもです。思考様式が確立される前の段階にあるので、柔軟性や吸収力が高く、外からの刺激でどんどん変わっていきます。

しかし、成長に伴って思考様式が確立されると、それを柔軟に変えることは難しくなります。自分の考えや価値観を自覚し、それを尊重するようになるからです。

さらに、この傾向は年齢を重ねるごとに強まっていきます。一般的に「年寄りは頑固」と言われるのはこのためです。

幸か不幸か日本では、思考様式が確立される時期と、社会に出て独り立ちする時期が、ほぼ同時に訪れることが多いです。つまり、多くの人は**「学生として培われたマインドセット」を携えて、社会に出る**わけです。これが、社会に出てから、つまずきやすい原因だと私は考えています。

社会人に必要なマインドセット

仕事を始めると、学生時代とはガラッと違う価値観に出合います。それらは、あたかも当然であるかのように、新社会人にのしかかります。

社会人として成長するためには、この価値観を受け入れるしかありません。こうして少しずつ、社会人としてのマインドセットが醸成されていきます。

しかし、新たな価値観を器用に吸収できる人ばかりではありません。頑固に、学生時代のマインドセットを守ろうとする人もいるのです。柔軟性のある人とない人の分岐点は、ここにあります。

また、社会人に必要な価値観は、飛躍的に範囲が広く内容も多岐にわたります。所属する組織の規模や特徴によっても、大きく異なります。さらに、経験年数や職位・職階に応じて、求められる価値観はどんどん変わっていきます。

社会における役割によって、周囲から期待されるマインドセットが多様化していく一方で、自分本来のマインドセットは、年齢と共に固定化しやすくなっていきます。社会人としての成長は、この二つのマインドセットのせめぎ合いです。

変わることを求められている自分と、変わりたくない自分。**どこまで柔軟にマインドセットを醸成させていけるか、それが成長の大きなカギ**だと思います。

大半の問題行動はマインドセットのギャップが原因

本章の冒頭で、部下の問題の大半はマインドセットが原因とお伝えしました。遅刻癖が抜けない、周囲に気を遣えない、身だしなみがルーズといった問題行動をとる人は共通して、学生時代のマインドセットを引きずっていると言えます。

誰にでも、受け入れやすい価値観と、受け入れにくい価値観があります。部下にとって受け入れにくい価値観の部分が、問題行動として表面に出ているというわけです。

社会人に必要なマインドセットが育っていないことは明らかですが、厄介なのは、**部下本人にまったく自覚のないこと**です。つまり、自分の行動の問題点に気づけないのです。

となれば、マインドセットを醸成するよう、上司が働きかけるしかありません。

このように書くと、上司の負担や責任の重さが際立つかもしれません。

しかし考えてみれば、自分一人でマインドセットを醸成できる人のほうが少数派ではないでしょうか。もちろん、上司であるあなたも同じだったはずです。

「自分も上司や先輩に育ててもらった」という感謝の気持ちを、今度は部下に還元する。それが組織の財産になっていくのだと思います。

マインドセットの醸成が問題解消のカギ

それでは実際、どのように働きかければいいのか考えましょう。まずは次の三点について、部下とじっくり話し合うことが必要です。

1. 社会人に必要な価値観と、学生時代に培った価値観との違い
2. 新たな価値観を受け入れることの重要性やメリット
3. 新しい行動様式への期待

例えとして、「周囲への配慮ができない新人」の場合で考えてみます。

- 先輩に椅子を譲らず自分だけ座っている
- コピー機を延々と占領している
- みんながバタバタと机を並べているのに、手伝わずにぼーっと見ている
- シュレッダーのゴミ捨てランプが点滅していても、そのまま立ち去る

など、数々の問題行動が見られます。表面的には「気が利かない」もしくは「図太くて厚かましい」という評価をされることが多いでしょう。

しかしながら、問題の本質はそもそも〝周囲が見えていないこと〟です。したがって、まずは「周囲に目を向けることが必要」という、**新人にとって初めての価値観を教えなければなりません**。

「周囲があまり見えていないようなので、少し心配です」
「学生は自分の勉強に専念できますよね。でも仕事となるとまったく違います」
「社会人は常に周囲を見て、状況に応じた適切な行動をとる必要がありますよ」

と、まずは率直に問題点を伝えます。

続いて**理由の説明**をし、新しい価値観の重要性の理解を促します。

「一人で完結する仕事ってないですよね。仕事にはお互いの協力が必要不可欠です」

「でも周囲を見ていないと、協力する機会を逃してしまうと思いませんか？」

この説明で理解を得られたら、次は**具体的な行動**を伝えます。周囲を見るとはどういうことなのか、具体的にイメージさせることが大切です。

「椅子の数が足りないときは、目上の人に譲りましょう」

「大量のコピーを取るときは、その間に周囲に目を向けてもらえますか？ もしコピーの順番を待っている人に気づいたら、いったん相手に譲ったり、所要時間の見込みを伝えたり、ついでにコピーを引き受けたりするなど、相手の仕事をしやすくする工夫を考えてほしいです」

「会議室の設営など、人手が必要だと思ったら、積極的に手伝ってくださいね」

「シュレッダーのゴミ捨てやコピー用紙の補充も、お互いに気持ちよく仕事するための協力的な作業です。次の人がすぐに作業できるので、助かりますよね」

このような流れで話し合うことで、部下は自身の問題点に気づけます。この段階では、新しい価値観を理解できればＯＫです。

新しい行動様式を習慣化する

部下の理解が得られたら、次は行動に変化が起きるかどうか、注意深く見守りましょう。すぐに行動に変化が見られなくても、「あんなに言ったのに、ちっとも変わらない」と落胆する必要はありません。

なぜなら、**すぐに行動変容が起きるとは限らない**からです。まだ慣れていないために、周囲の様子が目に入っても、必要な行動がピンとこない可能性が高いのです。

「ほら、シュレッダーのランプが点滅してるでしょ。これのことですよ」とか、「ほら、椅子を運んでいる人がいるでしょ。手伝って」など、**その場で気づかせることが**

重要です。これを繰り返せば、少しずつ気配りができるようになっていくはずです。

もちろん、先ほど例に挙げた遅刻癖やルーズな身だしなみも、同様のシナリオで解決できます。なるべく早い段階で社会人の価値観を習得できるよう、あなたから積極的に働きかけることが成長への近道です。

無事に社会人のマインドセットが醸成されても、それで終わりではありません。**マインドセットのギャップは何度も押し寄せてきます**。後輩ができたとき、中堅社員になったとき、プロジェクトのリーダーになったときなど、さまざまな節目で、新たな価値観を受け入れる必要性に迫られます。

ちなみにこれは管理職になったときも同じです。部下にマインドセットの醸成を求めると同時に、自分のマインドセットも進化させる必要があります。

気がついたら自分が問題行動を起こしていた、なんてことにならないよう十分に注意してください。

心の問題を考える

人材を育成する上で、もう一つ重要なことがあります。それは心の問題です。

どんな人でも一度は、「頭ではわかっているけど、気持ちが追いつかない」という状態を体験したことがあるでしょう。同じことは、仕事の場でも発生します。

私たちは**育った環境や過去の経験、周囲の影響から作られた「心のクセ」のようなものを持っている**と感じます。そして、その心のクセが顔を出すと、なぜか論理的な判断や行動ができなくなってしまうのです。「感情的になる」と言ったほうが、わかりやすいかもしれません。

多くの人が心のクセを持っている一方で、これを客観的に自覚している人は多くありません。これが職場の問題をややこしくする一因です。

例えば「売り言葉に買い言葉」とか、「カッとなって言いすぎた」という失敗を耳にすることも多いでしょう。職場において、心のクセは大きな課題なのです。

自覚をすればクセは出にくい

自分でしっかり認識できれば、心のクセはコントロールしやすくなります。クセが出て感情的になりそうな瞬間に、はっと気づいて自制できるからです。しかし、社会に出たばかりの若手にそれを求めるのは、酷というものでしょう。

したがって、ここも上司の出番です。まずは部下の心のクセを観察して、なるべくそのクセが出ないように導きましょう。

「それが一番難しい……」と思った方、どうぞご安心ください。

私も最初は失敗だらけでした。だからこそ、失敗の末にたどり着いた「成功の法則」を、皆さまにお知らせしたいと思っています。

それでは次のページから、具体的な事例をベースに、シナリオ展開する方法を考えていきましょう。

プルルル

社員No.
1

いつもビクビク

系部下

- 自信を持てず、「私には無理です」を連発する
- 何か頼もうとすると、「責任のあることは、ちょっと……」とやんわり拒否する

エピソード

入社二年目の青森さんは、内気で控えめなタイプです。真面目で几帳面な仕事ぶりは素晴らしく、細かくて面倒な事務仕事も、きっちりこなしてくれます。その一方で、気が小さくて極端に怖がりな点が課題です。何か新しいことを頼もうとすると、「私には難しいと思います」とか、「そんなに責任のある仕事は、かえってご迷惑をかけそうなので辞退させてください」と弱気な発言が続きます。

青森さんに思い切ってチャレンジしてもらうには、どうしたらいいでしょうか？

指導ポイント

このタイプは、失敗やトラブルを何よりも怖がります。「大丈夫、自信を持ってやってみて」と励ましても、それが本人の自信につながることはありません。「失敗しても大丈夫だから」という再プッシュにも、「えっ、失敗するほど難しい仕事？」と、ますます腰が引けてしまいます。

そもそも失敗することが怖いので、**「失敗」という言葉自体がＮＧワード**です。

このタイプには**自信を持たせるよりも、まず恐怖心を取り除くことが必要**です。

一般的に私たちは、得体の知れない漠然とした状況に対して不安を抱きますよね。

したがって、新しい仕事を依頼する際には、ゴールへの道筋が見通せるように、**具体的な作業に落とし込んで依頼**すればいいのです。作業のイメージを掴めれば、部下の恐怖心も自然と和らぎます。

指導シナリオの例として、月報作成を依頼するケースで考えてみましょう。

上司　来月から、青森さんに月報を作ってもらいたいと思うのですが、どうですか。

青森　えっ！　そんなに責任のある仕事、私にはとても無理です。

上司　(1) **どうして無理だと思うの？**

青森　どうしてって……、今まで秋田先輩がやってた仕事ですよね。とても先輩のようにはできません。

上司　なるほど、そういうことですか。(2) **先輩がやっている仕事は、難しそうに見えますよね。ちなみに月報はいつも見ていますか？**

青森　はい……。

上司　(3) **月報の内容は、ちゃんと理解できているんでしょ？**

青森　まぁ、一応は……。

上司　それは素晴らしい。大きく分けると、月報作りに必要な作業は二つだけです。(4) **いつものフォーマットに、当月の数字を当てはめることと、月内の出来事をトピックとしてまとめること。**

青森　はぁ……。

(1) まずは、理由を尋ねる

(2) 共感した後、具体的な行動を尋ねる

(3) 作成の前段として、内容を理解しているかどうか確認する

(4) 具体的な作業に落とし込んで説明する

上司　ちなみに数字の取り方は、知っていますか？

青森　あ、それは知っています。秋田先輩に教えてもらいました。

上司　よかった！ ⑤ **それなら数字は安心ですね**。では、トピックをまとめるほうは、どうですか？

青森　そこは、とても無理です。

上司　なるほど、心配なのはそこですね。⑥ **どんな点が難しそうですか？**

青森　そもそも、何を選んだらいいのか、さっぱり見当がつきません。

上司　なるほど、不安の根っこは、そこでしたか。ちなみに、⑦ **先月の月報にどんなトピックが書かれていたか、覚えていますか？**

青森　う……、すみません。

上司　いいえ、大丈夫。最初は誰でもそんなもんですよ。では、復習を兼ねて練習してみましょう。まずは、⑧ **過去一年分の月報からトピックを洗い出してもらえますか？**

青森　それなら、できそうです。

上司　よかった。⑨ **洗い出したら内容別に分類して、項目ごとにタイトル**

⑤ 一つずつ、知識を確認する

⑥ 問題が特定できたら、さらに深掘りする

⑦ 記憶からヒントを探させる

⑧ 具体的かつ実現可能な作業を提案する

⑨ 少しだけ本人に考えさせる

青森　**をつけてみてください。**

上司　タイトルですか？

青森　そうです。(10)**例えば、「取引先の情報」とか、「他部署との連携」とかです。**分類の根拠があると思うので、それを書いてくれればOKです。

上司　私にうまく分類できるでしょうか。

青森　(11)**まだ練習なので、ざっくりで大丈夫ですよ。**

上司　わかりました。

青森　それでは、よろしくお願いします。(12)**何かわからないことがあったら、いつでも質問してくださいね。**

上司　はい、よろしくお願いします。

(10) アウトプットの例を示す

(11) ハードルは低めに設定する

(12) 質問しやすい環境を作る

シナリオの解説

部下にとって大きな仕事である月報作りを、**細かく分解して具体的、かつ実現可能な作業に落とし込むこと**がポイントです。こうして一段ずつ階段を上っていけば、漠然とした不安を感じることなく仕事に取り組めますよね。

また、「責任」という部下の重圧を回避するために、初期の段階では**「上司の作業を手伝っているだけ」と感じさせる工夫も有効**です。気づいたら、できるようになっていたというのが、このタイプの理想ではないでしょうか。

小さな作業の積み重ねによって一つの仕事は完成する。このことを学べば、徐々に、未知の仕事に対する恐怖心も薄れていくはずです。

仕事を細かい作業に分解する方法は、新人に仕事を教えるさまざまな場面で役に立ちます。来客応対、伝票処理、スケジュール調整、案内状の発送、予約受付など、あらゆる業務に応用できますので、ぜひ使ってみてください。

ビクビク系の部下が「それならできる！」と思えるレベルまで作業を分解すること。それが成功の秘訣です。

社員No.
2

自信過剰系部下

- 万事、物事を軽く考える
- プライドが高く、どんなことでも「知ってます」「できます」と答える

エピソード

入社三年目の島根さんは、目立ちたがりの自信過剰タイプ。学生時代からサークルやアルバイト先でリーダー的な役割を担っていたようで、いつも自信満々です。仕事を頼まれると、詳細を確認せずに「はい、やります」と安請け合いします。積極的なのはいいのですが、実際にやらせてみると中途半端で、いつも周囲が尻拭いをする羽目になります。しかし本人はどこ吹く風。まったく悪びれず、あちこちで自分の手柄のように語っています。

もっと着実に仕事をこなしてもらうには、どうしたらいいでしょうか？

指導ポイント

子どもの頃から要領がよく、万事、無難にすり抜けてきた人に多いタイプです。元来の能力で及第点を出せる一方、**緻密《ちみつ》な計画を立てることは苦手**です。直感で行動するので、仮に成功を収めたとしても、その理由は説明できません。「普通にやったら、何となくできちゃった」と、ふわっとした表現で答えます。

また、プライドが高いので失敗を認めることもできません。最後まで「自分はできる」と言い張る傾向があります。

このタイプは、成功のイメージは持っているものの、そこに至るまでの段取りを組めないことが課題です。したがって、**細かい手順まで洗い出し、それを言語化する習慣をつけるよう指導しましょう**。具体的には、日々の業務の中で折に触れて、部下に**考えさせる質問を投げかける**ことです。

ただし、人の話を聞かない傾向がありますので、指示を出す場合は、会議室など逃げ場のない環境の設定をおすすめします。少し時間はかかりますが、潜在能力は高いので大切に育てましょう。人事研修を企画するケースで指導シナリオを考えます。

上司　今年の新人向けフォローアップ研修なんだけど、担当をお願いできますか？

島根　はい、わかりました！　やっておきます。

上司　(1) **一人で大丈夫かな？**

島根　去年みたいな感じですよね。だったら大丈夫です！

上司　そうですか？　では念のため、(2) **タスクを洗い出してみましょう。**

島根　え、今ですか？　そんなことしなくても、大丈夫ですよ。

上司　いえいえ、この機会に簡単な手順書も作りたいと思っているので、一緒にやってみましょう。(3) **とりあえず、思いつくタスクを言ってみてもらえますか？**

島根　えーと……あ、お弁当の手配です！

上司　お弁当の手配ね。(4) **それから？**

島根　あとは……、テキストの印刷？

上司　(5) **印刷も必要ですね。でもその前に、テキストの内容はどうしますか？**

(1) 部下の「わかりました！」を鵜呑みにしない

(2) 段取りを尋ねる

(3) ここで逃がさず、質問する

(4) 発言は否定しない

(5) 発言を肯定して、さらに深掘りする

島根　えーと、それっていつも誰が決めているんでしたっけ？

上司　毎年、状況に合わせて検討しています。配属先の上長にアンケートで課題を尋ねているはずですよ。

島根　あー、そうそう、はい、知っています。

上司　他には？

島根　そのくらいで大丈夫じゃないですか？

上司　本当にそうですか？ (6) **他に必要なことはない？**

島根　大丈夫です。ちゃんとやっておきます。

上司　(7) **それでは日程はどうしますか？　研修の所要時間は？　対面でやりますか、それともリモートですか？　会場はどこですか？　講師は誰ですか？**

島根　う……そういう地味な部分は、タスクに入らないかと思っていました。

上司　タスクが地味って、(8) **面白い発想ですね。でも、地味も派手もないです**。抜けや漏れがないように、すべての手順を洗い出すことが

(6) さらに考えるよう促す

(7) 部下の考えているイメージと現実とのギャップを認識させる

(8) 発言を受け止めつつ、言い訳を許容しない姿勢を示す

肝心です。

島根 ……わかりました。

上司 では、洗い出したタスクを実行する順番に並べてみましょうか。

島根 はぁ……、ではまず日程の調整と……。

上司 ――はい、できました。こんな感じでどうでしょうか。

島根 はい、いいと思います。⑨**それでは次に、各タスクについて、やるべきことを洗い出しましょう。**

上司 え、またですか？

島根 今の要領でやれば大丈夫です。⑩**タスクごとに手順を書いて、明日の正午までに提出してもらえますか？**

上司 はい、わかりました。

島根 では、よろしくお願いします。

⑨ 具体的な段取りができるまで、指示を繰り返す

⑩ 細かく期限を決めて、チェックする

シナリオの解説

万事、軽く考える部下の行動様式を変えるには、まず逃げ道をふさぐことが重要です。じっくり考えて言語化するための質問を重ねましょう。

断片的な答えが出てきたら、それらを肯定しつつ、ところどころで内容を整理させます。答えが出てこない場合はこちらから正解を示し、自分の認識と現実のギャップを理解させましょう。これを繰り返すことで、徐々に段取りをイメージできるようになっていくはずです。ただしプライドを傷つける言い方は、逆効果になるので注意してください。

このタイプの人はプライドが高く、何でも一人で完結しようとします。したがって、**初期段階では、細かく期限を決めて進捗確認することをおすすめします。**

たまに「痛い目を見ないとわからないから、わざと失敗させる」指導法を唱える方がいますが、私は賛成できません。失敗から素直に学んでくれたらいいのですが、逆に意固地になる人も多いように感じます。失敗しにくい方法を教えるほうが建設的でしょう。

社員No.
3

こそこそ隠す

系部下

- ミスやトラブルを報告しない
- 一人で解決しようとして、問題を大きくする

エピソード

長野さんは、今年入社の新人です。真面目で素直な点はいいのですが、失敗やトラブルを報告しなかったり、事実より過小に報告したりするので困っています。何度も注意しているのですが、まったく改善されません。昨日、長野さんが担当している得意先から「この間の納期遅れの件、なんとか調整しましたが大変でしたよ。今後は大丈夫なんですか？」と言われて、飛び上がるほど驚きました。納期が遅れたなんて、一言も聞いていなかったからです。なんとか謝りましたが、このまま長野さんに担当を任せていいものか、かなり心配です。

どうしたら、きちんと報告してくれるようになるでしょうか。

指導ポイント

両親や周囲の大人の言いつけを素直に守る、いわゆる「いい子」だった人に多いタイプです。言われた通りに振る舞うことでトラブルを回避してきたので、そもそも「自分から何かを言う」という発想を持っていないことが多いです。

また、本人への期待が大きい大人たちに囲まれて育っていると、「相手をがっかりさせないこと」に重点を置く傾向もあります。これらの背景がミスやトラブルの報告を躊躇《ちゅうちょ》させるようです。

このタイプには、**まず「自ら発信する」ことを教える必要があります**。その上で、上司が期待する行動を明確に伝えてください。

上司が求めるのは「ミスをしない部下」ではなく、「**ミスがあった際、周囲と連携してリカバリーできる部下**」のはずです。ミスを報告したほうが褒められるとわかれば、自然とそのような行動をとり始めるでしょう。

指導シナリオの例として、得意先とのトラブルを報告するケースで考えます。

上司　長野さん、納期遅延の件で、得意先から連絡があったけど、(1)**状況を詳しく教えてもらえますか？**

長野　あ、えーと、2〜3日遅れただけなので、大したことないです。

上司　(2)**大したことないって、先方がそう言ったの？**

長野　いや、まぁ、先方が言ったわけではないですが……。

上司　そうでしょ？　(3)**先方は、社内調整で大変だったと不満そうでしたからね。**私も平謝りでしたよ。

長野　申し訳ありません。

上司　でも、(4)**どうして報告してくれなかったのですか？**

長野　申し訳ありません。

上司　謝るより、今後の改善策を考えましょう。まず(5)**単純に報告しにくかったのか、報告する必要がないと思ったのか、どちらですか？**

長野　先方が了承してくれたので、報告しなくてもいいかなと……。

上司　なるほど。ちなみに、(6)**どうして遅延が発生したの？**

長野　あのー、私が納期をちょっと間違えて入力しちゃったんです。

---

(1) まず状況を確認する

(2) 過小報告していないか確認する

(3) 正しく認識させる

(4) 責めずに理由を尋ねる

(5) 答えやすい限定質問を使う

(6) 問題の原因を探る

上司　そうでしたか。それで(7)**生産管理部門に協力は仰いだの？**

長野　いいえ、生産管理には頼みにくくて……。とりあえず先方に納期が遅れると伝えたら、なんとか社内調整してくれるってことになったので大丈夫でした。

上司　それは、(8)**大丈夫とは言えないですね。**

長野　申し訳ありません。

上司　長野さんに私から二つお願いがあります。まず、(9)**想定外のことが起きたら、とにかくすぐに教えてもらえますか？**

長野　はぁ、でも自分でなんとか解決できることもあるので……。

上司　(10)**確かにその通りですね。**でも、解決策は一つじゃないし、一人で解決できない場合もあるでしょ？　**長野さんには、解決の仕方をいろいろと考え、その中からベストな道を選ぶというスキルを身につけてほしいのです。**

長野　なるほど。

上司　だから、(11)**まず問題が起きたことと、それに対して「自分は〇〇し**

(7) 部下の行動を尋ねる

(8) 認識の甘さを正す

(9) 具体的な行動を求める

(10) 部下の主張を受け止めた上で、上司の期待値を伝える

(11) 相談の仕方を具体的に示す

ようと思うけど、他に何か方法はありますか?」という風に質問してくれるとうれしいです。アイデアがない場合は率直に、「どうしましょう?」でもいいですよ。

長野　はい、わかりました。

上司　二つ目のお願いは、⑫お客様を最優先にするということです。

長野　そうしているつもりなのですが……。

上司　⑬気持ちはそうだと思うけど、実際は得意先に迷惑をかけてしまいましたよね。ミスは仕方ないけど、まずは⑭社内で解決する方法を考えてほしいです。だからこそ、一分でも早く相談に来てもらうことがとても重要なのです。わかってもらえますか?

長野　はい、よくわかりました。

上司　よかった。⑮では今後、この二つを約束できますか?

長野　はい、約束します!

上司　では、今後もよろしくお願いしますね。

⑫ 期待値を伝える

⑬ 言動の不一致を認識させる

⑭ 求める行動とその理由を改めて示す

⑮ 自分で宣言させる

シナリオの解説

いつも「いい子」でいようとする部下には、**どういう行動をとれば褒められるのかを理解させることが有効**です。「上司の期待に応えたい」という意識が働き、自然と上司の期待に沿うように行動します。

ただし、長期にわたって身についた考え方のクセは、すぐに変えられない場合もあります。その場合に備えて、もし**部下が行動を変えたら、少し大げさに褒める**ことをおすすめします。「報告したら褒められる」と体感できれば、行動変容に拍車がかかります。

なお、このシナリオでは失敗の報告しか扱っていませんが、**成功の報告をさせることも大きな効果があります**。日常的に業務報告する習慣がついていれば、トラブルが起きた場合でも、躊躇なく上司に相談できますよね。

内容に関係なく、育成の初期段階では**「報告」という行為そのものを褒める**ことが、極めて有効だと覚えておきましょう。最初にいい習慣をつけておけば、後々の余計な手間やトラブルを、大幅に回避することができるはずです。

社員No.
4

自分探し系部下

- 二言目には「自分には向いていない」と言う
- 三日坊主で、すぐに諦める

エピソード

入社二年目の宮崎さんは、根気が続かないタイプ。新しいことを恐れずにチャレンジするのはいいことですが、すぐ諦めて「やっぱり自分には向いてなかったです」と不満をもらします。「最初から上手にできる人なんていないでしょ。大丈夫だから頑張って」と励ましますが、一度ダメだと思うと、何を言っても聞いてくれません。「私には向いてないです。他のことをやらせてください」と、別のことに挑戦したがります。試しに他の仕事を依頼してみても、結局は同じことになってしまう……。

なんとか一つの仕事を完結できるようになってほしいのですが、どう指導すればいいでしょうか。

輝く自分を漠然と夢見ているものの、そこにたどり着く方法がわからず、あちこち迷走しているタイプです。「自分にピッタリの仕事があるはず」と、延々と自分探しの旅を続けます。スポーツや芸術などの習い事に次々と手を出す一方で、長く続いたものはほとんどないことが多いのも特徴のひとつです。

このタイプの問題点は、「ダメなら別のことをやればいい」と最初から逃げ腰モードで、具体的な成功のイメージを持てていないことです。目指すゴールが定まらないために、進捗度合いを把握できず、すぐに逃げ出してしまうのです。また、仮に上司がゴールを定めても、自分のイメージに合わないと納得しない一面もあります。

したがって、まずは**成功の定義を本人に決めさせること**が重要です。上手に質問を投げかけ、相手のイメージを言語化しましょう。ゴールが定まったら、そこに向かう道筋を考えればいいのです。潜在的に、成功への意欲が高い人が多いので、エネルギーを集中できれば成長は早いです。

データ入力のケースで指導シナリオを考えましょう。

上司 宮崎さん、今週からデータ入力の仕事でしたね。調子はどうですか？

宮崎 今日で四日目ですが、やはり私には向いてない気がします。

上司 え、またですか？①**でも自分で希望した仕事でしたよね**。

宮崎 そうですけど、なんか地味っていうか、私の力を活かせないっていうか……。

上司 宮崎さんの気持ちはわかるけど、この一年で二回も担当変更してますよね。②**そろそろ落ち着きませんか**。

宮崎 私だって落ち着きたいです。でも自分に合った仕事がなくて。

上司 なるほど。じゃ、ちょっと一緒に考えてみましょうか。③**そもそも、どうしてデータ入力の仕事を希望したのですか？**

宮崎 先月、山形さんが、年間エントリー大賞で表彰されてましたよね。「子どもの頃にピアノを習った経験が役立ってる」ってスピーチを聞いて、ピンときたんです。私も少し習ったことがあるので、これならイケるって。

---

① 認識を確認する

② 上司の期待を伝える

③ 当時の気持ちを思い出させる

上司　なるほど、確かにピアノの経験は役立ちそうですね。なのに、④**なぜ入力が向いていないと思ったのですか？**

宮崎　なんとなく、もっと向いてる仕事があるような気がして……。

上司　⑤**まぁ、将来的には新たなチャレンジもいいけど、まずエントリー大賞を取ってからでもいいのでは？**

宮崎　えーっ、エントリー大賞？　実は私、あの表彰スピーチに憧れてるんですよね。でも私に取れるでしょうか？　先輩っていうか、ライバルも多いし……。

上司　もちろん、誰にでもチャンスはありますよ。山形さんだって、二年目で大賞を取ってますしね。⑥**むしろ若いときのほうが、大賞を取りやすい気がします。**

宮崎　そうかー。でも、どうすれば大賞を取れるんですか？

上司　まず正確性、そしてスピードです。⑦**ピアノの鍵盤みたいに、キーボードを正確に叩ければうまくできそうかな。**

宮崎　あ、私それ得意なんです。

---

④ 理由を尋ねる

⑤ 意見を肯定しつつ、成功イメージを提示してみる

⑥ 興味を示したら、実現の可能性を見せる

⑦ 具体的な道筋を見せる

上司　素晴らしい。基礎があると強いですね。あとはスピードですね。

宮崎　スピードかぁ。どうすれば速く打てるんでしょうか。

上司　そこが、宮崎さんの頑張り所ですね。⑧**ピアノの経験から、何か活かせそうなことはないですか？**

宮崎　えーと……当時は座る姿勢と腕の角度をよく注意されてました。

上司　それは大事なことですね。他には？

宮崎　あとは……、あ、リズムか。リズムを保つと打ちやすいかも。

上司　素晴らしい！　ぜひそれでやってみましょう。

宮崎　わかりました。

上司　大賞を取った山形さんの成績が公表されているので、後でスピードの目標を立てましょう。⑨**毎月、少しずつスピードアップするのはどうですか？**

宮崎　はい、それならできそうです。

上司　よかった。では、⑩**大賞を目指して、一緒に頑張りましょう。**

宮崎　はい、よろしくお願いします！

---

⑧ 過去の知恵を引き出す

⑨ 具体的な目標を設定する

⑩ ゴールを念押しする

シナリオの解説

漠然と自分探しを続ける部下には、とにかく**ポジティブな話し方**が重要です。周囲は「飽きっぽい人」と評価しがちですが、本人はひたすら理想の自分を追い求めているだけです。したがって、それを否定されると、孤独感から「ここは自分がいる場所ではない」という考えに陥ります。そのまま放置しておくと、離職に向かいやすいので注意しましょう。

まずは、**寄り添って一緒に考える姿勢を示す**ことが有効です。理想の自分に向かって上司が伴走してくれると感じられれば、成功の確率がぐんと高くなります。

また、このタイプは物事を長期的に考えられない傾向があるので、未来の大きな成功をイメージしたり、過去の知恵を掘り起こしたりするような質問が効果的です。三日坊主ならではの浅くとも広い知識や経験が、意外なところで役立つものです。

ただし、途中で心が折れないように、**マイルストーンは細かく設定する**ことをおすすめします。一歩ずつ成功に近づいていると自覚できれば、エネルギーを持続できるはずです。

社員No.
5

昇進に後ろ向き

系部下

- 管理職になりたくないと公言する
- ずっと現場がいいとしがみつく

エピソード

山口さんは入社から四年目の社員です。仕事ぶりはかなり優秀で、早くから次世代の管理職候補と期待されてきました。ところが、本人にはまったくその気がありません。年次の評価面談で、「将来はどうしたいですか？」と尋ねても、「私は現場の仕事が好きなので、ずっとこのままがいいです」と昇進に後ろ向き。「いやいや、会社も期待してるからね。このままってことは許されないと思いますよ」と畳みかけても、「うーん、でもやっぱり、このままがいいです」となかなか頑固な態度です。

なんとか前向きに考えてもらいたいのですが、どうしたらいいでしょうか？

指導ポイント

経験が浅くても優秀で、仕事ができる人に多いタイプです。自分で手を動かすことが楽しい上に、その成果を褒められるので、これを手放すことなどあり得ないと思っています。また、優秀であるが故に、周囲が遠慮して指導しにくくなる傾向も、問題を複雑にさせる要因です。

このタイプには、まず**大局観を持たせること**が有効です。組織人や社会人として生きていくために、その時々で求められる役割を説明することから始めましょう。

今は大好きな現場仕事をこのまま30年間続けたらどうなるかなど、想像さえしていないはずです。まだ若く視野が狭いので、無理もありません。だからこそ、上司が責任を持って知らせる必要があります。また、**「管理職とは一体何をする人なのか」が**よくわかっていないことも問題**です。漠然とした状況を警戒するのは前述の通りなので、この点もクリアにしておきましょう。

指導のシナリオを、年次面談の場面で考えてみましょう。

上司　山口さん、一年間お疲れ様でした。①**今年も素晴らしい成果でしたね。いつもありがとうございます。**今回も最高評価です。

山口　本当ですか？　ありがとうございます、うれしいです。

上司　山口さんも来年は五年目ですよね。そろそろ次の段階に進む時期かと思いますが、②**ご自身はどう考えていますか？**

山口　あー、いえ、自分はこのままで十分です。

上司　なるほど。まあ、今は自分の仕事が一番楽しい時期でしょうから、③**その気持ちはよくわかります。でも本当に、ずっとこのままでいいのですか？**

山口　はい。このまま、が、いいです。

上司　なるほど。ではちょっと先のことを考えましょうか。④**山口さんが定年を迎える頃、一般的には再雇用で65～70歳まで働く時代になってますよね。このまま平社員でいくと、自分の子どもとか、もしかしたら孫世代の上司に仕えることになります。**

山口　あ……。

① まずは感謝とねぎらいの声かけ

② 本人の意志を尋ねる

③ 共感した上で、さらに踏み込む

④ 未来の状況を描写する

上司　**技術革新も進んで、孫のような上司から、「こんなこともできないのですか？」とか、「グチばかり言ってないで、早くやってください」とか、口うるさく指導されるかもしれません**。

山口　……よく考えたら、そうですね。

上司　もちろん昇進がすべてではないので、現場仕事を貫くことも尊いと私は思います。もしその道を選んだ場合、孫世代にガミガミ言われても心折れず、腐らず、**今と同じポジティブな気持ちで働けそうですか？**

山口　うーん……。そんなこと、考えたこともありませんでした。

上司　その若さなら当然ですよね、大丈夫です。もちろん、今の時点で何かを決める必要はありません。ただ、**そろそろ未来を考える準備に入ったほうがいいかなとは思っています**。

山口　わかりました。少しずつ考えてみます。

上司　よかった。誰だって、自分の仕事に集中したいですよね。でも**社会生活の中では、年代と共に周囲の見方が変わります**。それにつ

5 起こり得るリスクを描写する

6 改めて気持ちを尋ねる

7 未来へ意識を向けさせる

8 さらに広い視点へ話を展開する

れて、自分も変わらないといけないのかなと思います。

山口 え、どういうことですか？

上司 例えば学生時代、(9) **一年生から二年生、三年生と成長するにつれて、果たすべき役割が変わりましたよね。三年生はどう頑張っても一年生のようには扱ってもらえません**。

山口 会社員も同じってことですか？

上司 社会生活が全般的にそうなのかなと思います。大人はどう頑張っても、子どものようには扱ってもらえないし、大人として果たすべき責任がある。残念だけど、(10) **この先、どこに行っても大人として扱われます**。

山口 確かにそうですね。ずっと一年生ではいられないですもんね。

上司 おっと、少し重くなっちゃいましたね。すみません。また別の機会に、管理職の役割や仕事を説明させてください。内容がわからないと、検討もできないでしょ？

山口 それはすごく助かります。ぜひよろしくお願いします。

---

(9) イメージしやすい例を示す

(10) 仮に転職しても同じことと暗示する

シナリオの解説

言い方はよくないかもしれませんが、このタイプの部下は井の中の蛙《かわず》状態なので、とにかく、**視野を広げさせること**が効果的。未来や過去、家庭や職場、社会生活と、多方面に話を広げましょう。話の内容は、部下がイメージしやすい例で語ることが大前提です。

ただし、**上司の価値観を押しつけないようにしましょう**。あくまでも個人の意見として共有したら、あとは部下の判断に委ねます。

それでも万が一、「昇進しない道を選ぶ」と言われたら、それは仕方ありません。気持ちよく、全力で応援しましょう。これは部下の生き方に関わることなので、強制したり余計な口を挟んだりすることはできませんよね。

多様化した現代社会では、画一的な価値観は通用しません。個の尊重は、組織の成功に欠かせない要素です。部下がどんな決断を下したとしても、自分で決めた道ならば、前向きに貢献してくれると信じましょう。

社員No.
6

頑固な職人

系部下

- 専門性に強いこだわりがある
- 専門外のことは「私の仕事じゃないです」と拒否する

エピソード

富山さんは三年目の社員です。学生時代に簿記一級の資格を取得していて、自称「プロの仕事人」だそうです。仕事が速く、勉強熱心な点も素晴らしいのですが、柔軟性に欠けるところが難点です。自分の専門分野に絶大な自信とこだわりがあって、周囲からの口出しは、まったく受け入れません。また、何か別の仕事を頼むと、「それは私の仕事じゃないです」と容赦なく断ります。仕事に担当者名はついていないと思うのですが、本人には通用しません。

なんとか柔軟な姿勢を見せてほしいのですが、どうしたらいいでしょうか？

指導ポイント

学生時代から自分が目指す方向性を定め、コツコツ準備してきた努力家タイプです。苦労して取得した資格なので、それを活かすことに無上の誇りを感じています。まったく別のタイプですが、長年同じ仕事を担っているベテランや、自分の居場所を確立したい新人、異動したてのスタッフなども、同様の発言をすることがあります。

いずれの場合も自分の専門性と人格、つまりアイデンティティーを同一視していることが多いのが特徴です。このような人は、業務手順の変更に強い抵抗感を示したり、人事異動を感情的に拒んだりします。どちらも組織にとっていい影響はありませんので、早い段階で修正しましょう。

このタイプには、まず**仕事と人格を切り離すような働きかけ**が必要です。仕事や業務プロセスが変わっても、本人の人格には何ら影響がないことを理解させましょう。

また、周囲に認められる方法は一つではないので、**さまざまな仕事を経験するメリットを伝えるのも手**です。ポジティブな思考に切り替えられるよう手助けしましょう。

指導シナリオの例として、人事異動を伝える場面で考えてみます。

上司　富山さん、今度の異動で、経理から物流部門に行くことになるかもしれません。

富山　え、どういうことですか？

上司　物流部門から、経理知識を持つ人の配置要請があったようです。

富山　それで、なぜ私なのですか？　物流は専門外で、私の仕事ではありません。

上司　現時点で専門外というのはわかるけど、①**どうしてそれが、富山さんの仕事じゃないってことになるのですか？**

富山　私は経理の仕事に誇りを持っていて、一生やりたいと思っています。だから物流部門は違うと思います。

上司　なるほど、そのビジョンは素晴らしいですね。ちなみにそれは、②**経理部に所属すること自体に価値があるのか、経理の知識を活かして活躍したいってことなのか、どちらでしょうか？**

富山　それは、もちろん……経理の知識を活かして活躍したいです。せっかく苦労して資格も取ったことですし。

① 理由を尋ねる

② 真の目的は何か、思い出させる

上司　そうですよね。③**もしそうだとしたら、富山さんの知識を活かして、物流で大活躍するって最高じゃないですか？**　物流はあまり経理知識がないから、みんなから頼りにされると思いますよ。

富山　まぁそうですけど。ただ……。

上司　④**何か引っかかりますか？**

富山　日常的に経理の仕事をしていないと、すぐ忘れそうで心配です。

上司　え、富山さんのような人でも、そんな心配するんですか？

富山　そりゃ、心配ですよ。ずっと経理でしたから。少しでも離れると、自分が自分じゃなくなっちゃいそうで……。

上司　なるほど、そういうことですか。⑤**なんだか富山さんの話を聞いていると、富山さんの人格が、経理に乗っ取られているように聞こえます。**

富山　えっ、経理に乗っ取られてる？

上司　はい。⑥**本来は経理部にいてもいなくても、富山さんは富山さんですよね。なのに、経理から離れると自分じゃなくなるなんて、ち**

③ 成功のイメージを持たせる

④ 不安は言語化させる

⑤ 客観的な視点に気づかせる

⑥ 矛盾を言語化して説明する

ょっと不思議な感じに聞こえます。

富山　あれ？　本当だ。これじゃ、本末転倒ですね。いつの間にそうなっちゃったんだろう？

上司　⑦**それだけ一所懸命に打ち込んできたってことですよね**。でもよかった。これで本来の富山さんを取り戻せたみたいですね。

富山　はい、なんだかスッキリしました。

上司　よかった。では、正式な辞令が出たら、またお伝えします。⑧**物流でも大活躍してくださいね**。

富山　はい、頑張ります。

上司　あと、経理部で定期的に開いている勉強会がありますよね。

富山　はい、いつも楽しみにしていました。

上司　⑨**異動先にも、ちゃんと案内メールは送りますよ。都合がついたら、ぜひ参加してください**。

富山　え、いいんですか？　うれしいです！

上司　それでは、よろしくお願いします。

⑦ こまめに共感を示す

⑧ 未来への期待を伝える

⑨ 成長の機会は提供し続ける

シナリオの解説

仕事と人格の混同を自覚していないので、そこにどう気づかせるかがポイントです。なるべく部下が自然に話せるよう、質問を工夫してください。部下の本音を聞けたら、そこから糸口が見つかるはずです。

シナリオのように、**「自分から○○を取ったら、自分じゃない」という発言が、冗談ではなく〝執着〟になり始めていると感じたら、早めに修正の声かけをしましょう。**

また、今回のシナリオとは異なりますが、好きな仕事だけを選んでいる様子が見られる場合は、**人事権は会社にあることを教えましょう。**

例えば「会社員って、自分で仕事を選べるんだっけ?」と、シンプルな問いかけから始めます。もし相手が口ごもったら、「自分で選べたら最高だけど、残念ながら人事権って会社側が持ってるんですよね」と事実を伝えましょう。その後、「もちろん、私もまったく同じですよ。組織で働く限りは、組織のルールに従う必要があるのです」と、例外はないことも伝えます。誰もが同じルールで働いていることを、しっかり認識してもらいましょう。本人はまったく悪気なく、仕事を「選り好み」していま す。ルールを教えれば、すぐに修正されるでしょう。

第3章

問題を解消する育成シナリオ

行動編

人格と行動を切り離して考える

ここからは、部下の行動に焦点を置いて考えましょう。

前章で、問題行動の大半はマインドセットに起因するとお話ししました。しかし、マインドセットは価値観や考え方など、人の尊厳に関わる部分がありますので、むやみに矯正を迫ることはできません。ここが注意すべき点です。

昨今、パワハラの問題が頻繁《ひんぱん》に取り沙汰されます。さまざまな理由があると思いますが、その一因には、上司がまったく悪気なく、人格と行動を混同した指導をしていることも含まれるのではないかと推測しています。

言うまでもなく、指導の目的は部下のマインドセットを強制的に変えることではありません。**部下の発言や行動が、組織の求める行動指針と一致するように促すこと**が目的のはずです。これを無意識に混同しないよう、上司は十分な注意が必要です。

例えば部下の問題行動を指導するとき、あなたならどのように伝えますか？　部下が素直に納得せず、堂々と意見してきても、上司として冷静に対応できるでしょうか。

「つべこべ言わない！　あなたの考え方が間違ってるんだから、ここを直して」

残念ながら、これは上司の一方的な決めつけであり、人格を否定したと思われかねないNG表現です。当たり前の話ですが、価値観は人それぞれ。10人いたら、10通りの価値観があっていいはずなのです。

そこで、**人格と行動を混同しない**よう、次のように伝えましょう。

「さっきの会議での、〇〇という発言はよくなかったね」
「その考えもわかるけど、今回のケースでは、別の方法が必要かな」

指導は部下の発言や行動に焦点を当て、人格や価値観の否定を回避してください。

上司の価値観ではなく組織の価値観で指導する

部下に「自分はそうは思いません！」とか「納得できません！」と反論され、いら立った経験はありませんか？

上司の主観で指導していると、部下の反論にカッとなって「そんなこともわからないの？　常識ないなぁ」などと、無意識に人格否定の領域に入り込んでしまっていることも……。これでは、指導がうまくいくはずもありません。

重要なことは、**部下を指導する際、上司の主観（個人的な価値観や常識）で判断しないこと**です。

組織における人材育成のゴールは、上司に忠実な僕《しもべ》を作ることでもなければ、上司のコピーを作ることでもありません。組織で活躍する人材を育てることです。そのためには、**組織の価値観に沿った指導をしなければ意味がない**のです。

多くの企業には理念や社是《しゃぜ》があり、それに紐づいた行動指針があると思います。企業にとっての理想は、企業理念と社員の価値観が一致して、自然と指針に則《のっと》った行動を示してくれることでしょう。

しかし、100％一致することは難しいのが現実です。社員はさまざまな局面で、自分の価値観と状況を照らし合わせて独自に判断し、それに基づいて発言したり、行動したりします。ここに**企業の期待と現実のギャップ**が生まれるわけです。

したがって、部下を指導する基本のシナリオとしては、

「うちの会社の理念は知ってる？」
「その理念に基づいた、会社が社員に求めている行動指針も知っているよね？」

と、まずは部下の理解を確認します。

会社で働いている以上、知らないとは言えないはず。しかし、万が一「知らない」と言われたら、オリエンテーションからやり直しです。

両方とも知っていると答えたならば、

「あなたの価値観は素晴らしいけれど、残念ながら会社の価値観とは一致しない部分がありますね。価値観を変える必要はないけど、職場にいる間は、会社の価値観に合うように行動してもらえませんか？」


と理解と合意を促します。

職場にいる間だけ意識すればいいのなら、精神的なハードルが下がるので、合意を得やすくなります。さらに、

「この指針に沿って行動することが、この職場で最も評価される方法ですよ」

と、メリットも伝えれば、さらに効果が高まるでしょう。

ただし、この指導を成立させるには、上司自身が組織の理念や行動指針を深く理解し、普段からそれを体現していることが大前提です。この前提が崩れると「他人に厳しいけど、自分には甘い」と酷評されますのでご注意ください。

上司の経験談は値千金

とはいえ、上司個人も企業理念と自分の価値観が、100%はマッチしていないはずです。しかし、組織人として醸成されたマインドセットが、このギャップを埋める働きをしています。解釈を変えたり、別の側面を考えたりして、自分の中で納得感をもって行動しているのだと思います。

一方、マインドセットが未熟な若手はそれができません。そこで、**上司の経験談**が役に立ちます。

「自分も若い頃は、よく理解できなかった」
「その結果、〇〇というお粗末な失敗をしてしまった」
「今は、△△という考え方もあるかなと思えるようになった」

という具合です。

今は煙たいだけの上司も、若い頃は自分と同じようなことに悩んでいたと知れば、一気に親近感が湧きます。若き日の上司が悩んで見つけた答えだとわかれば、自分も取り入れてみる価値があるかも、と思えるのではないでしょうか。

つまり、**説教がましく価値観を語るよりも、リアルに自分の教訓エピソードを語るほうが、ずっと効果は高い**というわけです。こういうやり取りから、部下のマインドセットが少しずつ醸成されていきます。

改めてまとめると、部下に注意・指導するときのポイントは次の三点です。

- 対象は人格ではなく、発言や行動に限定した表現を使うこと
- 自分の価値観ではなく、組織の価値観に沿って指導すること
- 経験談を語ることで、部下の視野を広げること

それでは次のページから、具体的な事例をベースに、部下の困った行動に対する指導ポイントとシナリオを展開する方法を考えていきましょう。

社員No.
7

電話NG

系部下

- 電話対応がとにかく苦手
- 電話が鳴っていても、手を出そうとしない

エピソード

千葉さんは今年入社の新人です。新卒研修を終えて、二週間ほど前に配属されてきました。無口で反応は薄めですが、仕事の覚えは悪くないので、このまま順調に育ってほしいと期待しています。

しかし気になるのは、なかなか電話を取りたがらない点です。近くで電話が鳴っていても、手を出そうとしません。やむを得ず「千葉さん、電話を取って!」と声をかけても、わざとグズグズ、なんとか避けようとしているように見えるのです。

どうしたら千葉さんに、電話の苦手意識を克服してもらえるでしょうか?

指導ポイント

幼少期から携帯電話やスマートフォンによるテキスト・コミュニケーションで育った世代は、そもそも電話で話すという経験が多くありません。さらに、最近は固定電話がない家庭も多いので、受話器のある電話は完全に未知の存在です。「未知の道具を使った、未知の体験」と考えれば、新人の腰が引けるのは当たり前ですよね。

このタイプには、まず**電話機の使い方と電話特有の表現を、丁寧に教えることが必要**です。特に保留や転送の操作は、目をつぶっていてもできるように、何度も練習させましょう。内線電話を使ってロールプレイに4~5回付き合えば、恐怖心はかなり軽減されるはずです。社名の名乗り方や、「いつもお世話になっております」「○○は席を外しております」などの常套句《じょうとうく》も最初に教えておけば安心です。

もう一つ大事なことは、**「なぜ新人が電話を取るべきなのか？」という理由をきちんと説明すること**です。仕事の意義や方法を理解すれば、すぐにできるようになります。この部分を具体的なシナリオで考えてみましょう。

上司　千葉さん、①**電話を取りたくないように見えるけど、本当のところはどうなのですか？**

千葉　だって、そもそも私宛ての電話は来ないじゃないですか。私が出て、わざわざ転送するより、最初から用事のある人が出れば早いですよね。

上司　なるほど、そういうことですか。ちなみに、②**なぜ新人が電話応対を任されるのか、考えたことはありますか？**

千葉　それは……皆さんお忙しいので、雑用は新人がってことですよね。

上司　あ、そう思ってたのか。それは説明不足で失礼しました。答えは全然違います。③**新人に電話を取ってもらう目的は、大きく三つあります**。

千葉　はぁ……。

上司　一つ目は、取引先の名前を覚えること。当たり前ですが、主要な取引先は頭に入れておく必要があります。でも、分厚い顧客リストを渡されて、「はい、丸暗記してね」って言われても難しいで

① 率直に尋ねる

② 理由を考えさせる

③ 仕事を任せる理由を伝える

しょ？

千葉　まぁ、そうですね。

上司　だから、電話を取るのが一番の近道なんです。関係が深い相手ほど、頻繁にかかってきますからね。④**相手の名前を復唱したり、メモを取ったり、取り次ぎ先に伝えたりすれば、自然と覚えられるでしょ？**

千葉　なるほど。

上司　二つ目の目的は、社内の組織や人を覚えることです。これも、組織図を丸暗記するのは非現実的ですよね。でも、取り次ぎを依頼されれば、部署名や担当者など、嫌でも覚えらえます。

千葉　確かに。

上司　三つ目の目的は、千葉さんの成長ぶりがわかることです。

千葉　え、私の成長ですか？

上司　そうです。気づいてないと思うけど、職場の先輩たちは、千葉さんの電話応対をちゃんと片耳で聞いているのですよ。得意先の名

④ メリットを伝える

前をスムーズに復唱できるようになったなとか、「○○部の△△ですね」と自信を持って言えているなとか、ビジネス用語が板についてきたなとか。

千葉 えーっ、そうだったんですか？

上司 そりゃ、そうですよ。(5) **みんなが千葉さんの成長を見守っているんです**。なので電話応対が上達したら、自然と「電話取って」とは言われなくなるはずです。千葉さんの言う通り、自分が電話を取ったほうが早いですからね。でも、千葉さんの成長のために、みんなが電話の応対を譲ってくれているんですよ。

千葉 なんと……そういうことでしたか。それは、本当にありがたいことです。

上司 よかった。わかってもらえたみたいですね。

千葉 はい、よくわかりました。これからは、頑張って電話に出ます。

上司 ありがとう。何か困ったらいつでも相談してくださいね。

千葉 はい、よろしくお願いします。

(5) 周囲の親心に気づかせる

シナリオの解説

最近は物事を合理的に考え、雑用を嫌がる若手が増えてきました。しかし、職場に意味のない雑用などありません。このタイプは、その業務が自分や組織の成長に必要なことだと理解できれば、仕事に向かう気持ちも自然と変わります。

また、電話応対への苦手意識を克服するためには、**プロセスを分解して可視化する**ことをおすすめします。

①電話機の操作を覚える
②3コール以内に応答する
③自社名、部署名、名前を名乗る
④相手の社名と名前を聞きとる
⑤常套句のあいさつを言う
⑥用件を聞く
⑦担当者に取り次ぐ
⑧不在の場合は伝言を受ける

このように分解すると、課題は一目瞭然。**できている点は褒めた上で、改善すべき点を明示しましょう**。具体的な行動の正解例を見せれば、すぐに上達するはずです。

社員No.
8

超受け身

系部下

- 言われたことしかやらない
- 指示があるまで動かない

エピソード

入社二年目の石川さんは、かなり受け身のタイプです。言われたことは素直にやってくれるのですが、それ以上でも、それ以下でもありません。こちらが指示を出さないと、まったく動いてくれないのです。やることがないと、自分のデスクでじっと資料を見ていることもあります。遊んでいるわけではないのでしょうが、これからずっとこんな調子かと思うと、気が重くなります。

どうしたら、能動的に動いてくれるのでしょうか？

指導ポイント

この傾向を持つ人は、「トラブル回避型」「想像つかない型」「省エネ型」の三つのタイプに分けられます。まずは部下が、次のどのタイプに近いか見極めましょう。

トラブル回避型は、余計なことをして叱られるのは避けたいと考えるタイプです。やるべきことの見当はついていても行動に移せない人が多いので、「見当をつけた内容を聞かせて」「どうしたら、迷わず行動に移せる?」と質問を重ね、解決へと導きます。事前の相談や報告を促し、トラブルを未然に回避する方法を教えることも効果的です。早い段階で、「自主的に動かないほうが叱られる」ことを教えましょう。

想像つかない型は、純粋に何をすればいいのか見当がつけられないタイプです。経験や知識が少ないと、想像力が働きません。仕事を依頼するときは、まず全体像を説明し、次に各要素、最後に本人の担当部分を説明するなどの工夫が必要です。自分で経験する以外に、疑似体験を積むことも有効です。ケーススタディなどで先々を考える力を養いましょう。

省エネ型は、あえて負担を増やすことはないと考えるタイプです。

それでは、今回は「省エネ型」を例にとり、指導シナリオを考えてみましょう。

上司　石川さん、①**いつもきっちり仕事をこなしてくれて、ありがとうございます**。

石川　いいえ、どういたしまして。

上司　②**ただね、ちょっと納得いかないこともあるんです**。

石川　え、どういうことですか？

上司　③**本当は全力を出してないんじゃないかなって感じるんです**。

石川　えっ……そんなことはないですけど。

上司　もちろん、わざとじゃないと思いますけど、ちょっと考えてみましょうか。例えば、④**誰かに仕事を依頼されたとき、納期は守りますよね**。

石川　はい、そこはきっちり。

上司　では、⑤**前倒しで完成させようという努力はしますか？**

石川　あー、それはないです。いつもギリギリの一夜漬けです（笑）。

上司　なるほど。では、よりいい物にするために、何か工夫を考えますか？

① まずは成果を認めて感謝する
② 話の方向を切り替える
③ 課題を提示する
④ 現状を確認する
⑤ 答えやすい限定質問を使う

石川　それもないですねぇ。まぁ、指示を満たせばいいのかと……。

上司　やはり、そうですか。もしかして、⑥**無意識に自分のリミットを設定している可能性はないですか？**

石川　え？　……考えたこともありませんでした。

上司　そうですか。でも、もしそうだとしたら、もったいないと思いませんか？

石川　うーん。まぁでも、これで特に問題はないですし。

上司　あ、ほら今のですよ！　特に問題はないレベル。⑦**残念ながら、それが許されるのは社会人一年目だけですね。**

石川　あ……！

上司　気がつきましたか？　自然と「問題ないレベル」を目指しちゃってましたね。

石川　確かに。

上司　企業は永続的に成長を目指すので、年々業績目標が上がっていきますよね。ということは、そこで働く社員も、⑧**一年ごとに高いレ**

---

⑥ 問題点をあぶり出す

⑦ 率直に問題を指摘する

⑧ 成長の必要性を説く

ベルを目指す必要があるのです。

上司　なるほど。

石川　もちろん、⑨私がこっそりと、本来より早めの納期を設定したり、より高いレベルを設定したりすることもできるけど、それは嫌でしょ？

上司　まぁ、あまりうれしくはないですね。

石川　石川さんが、⑩自分でリミットを外してくれると助かるんだけど、どうでしょうか？

上司　うーん……。具体的に、どうしたらいいのですか？

石川　⑪より速く、より高品質で仕上げる努力をしてもらえますか？　提出するときに、どんな工夫をしたのか教えてください。

上司　それなら、できそうです。

石川　よかった。⑫どんな工夫をしてくれるのか、今から楽しみです。

上司　そうですね。なんだか私も楽しみになってきました。

石川　素晴らしい！　何か困ったら、いつでも相談してくださいね。

⑨ 解決策の選択肢を示す

⑩ 決断を促す

⑪ 具体的な行動を伝える

⑫ 期待を伝える

シナリオの解説

省エネ型はそつなく器用な場合が多いので、より高いレベルを目指すように促すと動いてくれます。しかし自覚のない場合が多いので、自然な会話の中から、それに気づかせることが有効です。**限定質問と拡大質問を組み合わせて、なるべく部下に話させるような工夫をしましょう**。

限定質問（クローズドクエスチョン）は、はい・いいえやA・Bのように二者択一で答えられる質問の仕方で、相手に確認をしたり、決断を促したりするときに使えます。一方、拡大質問（オープンクエスチョン）は、自由に答えを考えさせる質問方法です。意見や感想などを具体的に引き出したいときや、会話を広げたいときに効果的です。

課題が浮き彫りになったら、なぜその行動に問題があるのか、本来どうすべきなのかをわかりやすく伝えます。社会人として、視野の広がるような説明が効果的です。

ここで大切なことは、「行動を変えるか、変えないか」を必ず〝本人〟に決断させることです。万事において言えることですが、「やらされ感」はモチベーションアップにつながりません。自らの意思決定こそが、本人の成長につながります。

社員No.
9

おしゃべりすずめ

系部下

- 私語や無駄話が多い
- 集中力が続かない

エピソード

入社二年目の長崎さんは、とにかくおしゃべりです。人懐っこくて、誰とでもすぐに打ち解ける才能はうらやましいほどですが、一日中あちこちで油を売っていることには感心できません。もう二年目ですし、本当はもっと仕事を任せたいのですが、無駄話のせいかスピードが上がりません。要するに、集中力がないのです。

新人への影響も心配なので、なんとか改めてほしいのですが、どうしたらよいでしょうか?

指導ポイント

他人に話を聞いてもらうことで、自分のエネルギーレベルを保つタイプです。相手の笑顔や好意的な反応から、自己肯定感が上がり、安心感を得られるのでしょう。もちろん本人に悪気はありません。むしろ「みんなが自分の話を楽しんでくれている」と、さらにサービス精神を発揮している場合すらあります。

このタイプにおしゃべりを禁じるのは、少々難しいお話です。したがって初期の段階では、**おしゃべりの「時」と「場所」を選ぶことを教えましょう**。職場の話なので、すべての言動ではなく、仕事の妨げになる行動だけを指摘すればいいというわけです。

ただし、注意の仕方は要注意です。面談の場などで「無駄なおしゃべりが多い」と指摘しても、「え、そうですか?」と、素直に認めない可能性が高いからです。現場を見かけたら、**間髪入れずに即時注意しましょう**。

それでは、長崎さんの立ち話を見かけたケースでシナリオを考えましょう。

上司　長崎さん、①**お話し中に悪いけど、その話が終わったら来てもらえますか？**

長崎　はい、お待たせしました。なんでしょうか。

上司　②**さっきはかなり楽しそうだったけど、何の話だったの？**

長崎　あ、大したことじゃないです。動画で人気の猫の話で……。

上司　そうでしたか。ちなみにそれって、ランチまで待てないことだったの？

長崎　いえ、そういうわけでは……。申し訳ありませんでした。

上司　いえいえ、謝らなくても大丈夫ですよ。③**唐突な質問だけど、長崎さんは学生時代に、話し方とか習ったことがあるの？**

長崎　え？　いいえ、まったくないですけど、それが何か……？

上司　④**あまりに話がうまいから、どこかで習ったのかと思いました。**

長崎　えー、とんでもないです。でも、そう言っていただけるとうれしいです。他の人にもよく言われるんですよね。

上司　やっぱり、みんなそう思ってるんですね。だけど⑤**うますぎること**

① すぐに話す場を設ける

② 仕事に関係ない話と、自分から言わせるための質問

③ 質問で話の方向を変える

④ まずは褒める

⑤ 問題を提示する

が問題なのかな。つい聞き入っちゃうから。

長崎　え？

上司　仕事に関係ない話も大切だけど、普通は休憩時間とかにするでしょ？

長崎　はぁ……。

上司　⑥**だけど、長崎さんのオモシロ話は神出鬼没。しかも声が通るから、周りによく聞こえるんですよね。聞くつもりはなくても、つい耳に入って笑っちゃう……**。

長崎　すみません、私はただ、場を和ませたかったというか……。

上司　大丈夫、長崎さんのサービス精神はよくわかってますよ。もちろん、休憩時間やプライベートなら大歓迎。だけど、⑦**仕事中はどうでしょうか？**

長崎　……あまりよくないですね。

上司　⑧**その理由は？**

長崎　……仕事が進まないからです。

⑥ ニュートラルに事実を描写する

⑦ 単刀直入に考えを尋ねる

⑧ わかればOKではなく、理由も確認する

上司　⑨**誰の仕事が進まないの？**

長崎　自分の……。あ、あと相手もです。

上司　そうですね。⑩**他には？**

長崎　他に？　……あ、もしかして、周りで聞いている人も？

上司　そうです、大正解！　⑪**おしゃべりって当事者だけでなく、周囲にも影響しちゃうんですよね。**極端な話、それで残業になっちゃったら大変だし、電話をしている人には、周りの笑い声がうるさいかもしれないでしょ？

長崎　すみません、そこまで考えていませんでした。

上司　⑫**みんなに迷惑をかけたいわけじゃないでしょ？**

長崎　もちろんです。

上司　よかった。⑬**これからは休憩時間だけにしてもらえますか？**

長崎　はい、そうします。

上司　では、よろしくお願いしますね。

⑨ 理解を深掘りする
⑩ 視野を広げる
⑪ 影響範囲をイメージさせる
⑫ 意思を確認する
⑬ 改善を合意する

シナリオの解説

このタイプにはまず、問題行動を自覚させることが必要です。そのためには**自分の行動を言語化させること**が効果的です。行動を客観視できれば、善悪の判断はできるはずです。

問題を認めたら、次は**その行動がもたらす影響を考えさせます**。視野が狭い部下には、自分だけでなく、周囲に及ぼす影響もしっかりイメージさせましょう。無意識の行動が多くの人に迷惑をかけていると気づけば、たいていの場合はすぐ修正されます。

繰り返しになりますが、おしゃべり好きという本人の**性格的な部分ではなく、問題行動に焦点を絞って指導することが鉄則**と覚えていてください。

社員No.
10

抱え込み

系部下

- 自分の業務量に関して発信しない
- 進捗を尋ねても「大丈夫」しか言わない

エピソード

香川さんは、入社三年目の社員です。周囲の信頼も厚く、誰かに頼まれると、何でも「はい」と快く引き受けてくれます。本当にありがたい限りなのですが、いつも遅くまで残業していることが気がかりです。

「あんまり無理しないで、誰かに手伝ってもらったら?」と伝えても、「仕事が遅くて申し訳ありません。一人で大丈夫です」と言うばかりです。他の先輩や後輩が声をかけても、まったく同じ返答のようです。

こういう場合は、どうしたらいいでしょうか?

指導ポイント

もともと責任感が強く、自分に厳しい完璧主義の傾向がある人に多いタイプです。面倒見がいい一方、自分の悩みや困りごとは誰にも相談しません。一人ですべてを解決しようとします。また、「誰にも頼らないことが美徳」だと思い込んでいることも多いです。周囲に迷惑をかけないことを重視するあまり、とことん一人で頑張ってしまうようです。

このタイプには、よかれと思ってやっていることが、実は組織のバランスを崩しているかもしれないという、**別の角度の視点に気づかせること**が必要です。なぜならば、理想的なチーム運営のために、公平な業務分担は欠かせない要素だからです。三年目という時期を鑑みれば、一つ上の視点で、組織全体を考えるよう促すことも必要ではないでしょうか。

それでは、別の視点に気づかせるシナリオを考えてみましょう。

上司　香川さん、だいぶ忙しそうだけど、担当案件を抱えすぎてないですか？

香川　いえいえ、大丈夫です。

上司　念のため、(1) **今、進行中の案件を見せてもらえますか？**

香川　はい……でも大丈夫です。仕事が遅くて申し訳ありません。

上司　決して、香川さんの仕事が遅いなんて思ってないですよ。(2) **私の心配は、まったく別のことなんです。**

香川　どういうことでしょうか？

上司　チーム全体のバランスが心配なのです。

香川　全体のバランス？

上司　そうです。いつも快く他のメンバーの手助けをしたり、急な仕事を引き受けてくれたりしてますよね。(3) **とても感謝しています。でも、香川さんのほうから、誰かに協力を依頼したことってありますか？**

香川　うーん、あんまり、ないと思います。

---

(1) 状況把握の質問

(2) 別の角度に話を向ける

(3) 感謝を伝えてから、過去の行動を尋ねる

上司　そうですよね。香川さんの責任感は本当に素晴らしいです。でも**香川さんだけが、毎日一人で遅くまで働いてたら、他のメンバーはどう思うでしょうか？**（4）

香川　え……それって、どういう意味ですか？

上司　例えば、誰かに仕事を手伝ってもらったら、次は自分もお返ししなくちゃって思うのが人情ですよね。でも、（5）**せっかく声をかけても、「一人で大丈夫」の一点張りだと、なんとなく壁があるように感じませんか？　「手を出されたくないのかな」「信頼されてないのかな」と、余計な心配をしちゃう気がします。**

香川　私、決してそんなつもりはないのですが……。

上司　もちろん、それはよくわかっていますよ。でも結果として、香川さんが一人で大きな負担を背負っているように見えちゃうのです。そうなると、（6）**次に何が起きると思いますか？**

香川　もしかして、みんなが私に仕事を頼みにくくなるかも？

上司　はい、そうなるのではないかということが心配なのです。

（4）相手の視点で考えさせる

（5）別の視点に気づかせる

（6）影響を考えさせる

香川　そんなことあるでしょうか？　私は大丈夫なのに……。

上司　香川さんが、みんなのためを思って、あれこれ引き受けてくれているのは、よくわかっていますよ。でも、あまりにも業務量がアンバランスだと、申し訳ないなって思う人が多いのではないでしょうか。⑦**香川さんが逆の立場だったらどうですか？　誰か一人だけ、いつも残業していたら、どうします？**

香川　えーっ、逆の立場だったら見ていられないです。すぐ手伝います！

上司　ほら、そうなるでしょう（笑）。誰だって同じですよ。私は、みんなが気持ちよく助け合えるチームを作りたいのです。⑧**理想のチーム作りに、協力してもらえませんか？**

香川　よくわかりました。これからは、ちゃんと手伝ってもらうようにします。

上司　よかった。では、よろしくお願いしますね。

香川　はい、よろしくお願いします。

⑦ 再度、相手の立場で考えさせる

⑧ 新しい貢献の仕方を提示する

シナリオの解説

このタイプは「自分が気にしてないのだから、何も問題ないはず」という思い込みが根底にあるので、粘り強い働きかけが必要です。

ただし、この思い込みを一方的に否定すると、さらに頑固になっていくことがあるので気をつけましょう。**思い込みの背景にある善意を尊重しつつ、客観的な第三者の目線で物事を考えるような質問**が効果的です。「逆の立場だったら?」という質問には、拍子抜けするほど素直に合意してくれる場合が多いです。

ちなみに完璧主義者は、とことん時間をかけて、自分が納得いくレベルを追求したがる傾向があります。特に遅い時間の一人残業は、完成度における自己満足を満たす絶好のチャンスになりがちなので要注意です。

不要不急の残業を回避するためには、事前申告制にすることも有効です。具体的な内容と所要時間の見込みを書かせ、その妥当性を上司が判断しましょう。

社員No.
11

ミスを認めない

系部下

- 「でも」「だって」と言い訳をする
- 「自分のせいじゃない」と他責の発言をする

エピソード

入社四年目の福島さんは、自分のミスや落ち度を素直に認めないタイプです。「でも」や「そもそも」と、あれこれ理由を並べて、自分は悪くないと主張します。そろそろ後輩のお手本になってほしいのですが、この〝他責思考〟が邪魔をして伸び悩んでいます。

先日、発注ミスを指摘したときも、「伝票の字が汚くて、6とbを間違えただけです。そもそも、似たような商品番号があるってことが問題なんですよ。そんなのまで私のミスと言われたら、やってられません」の一点張りでした。

素直に受け入れてもらうには、どうしたらいいでしょうか。

指導ポイント

表面上は自信家のように見えますが、実は自分に自信がなく、常に周囲の目や評価を気にするタイプです。自信がないからこそ、トラブルの原因を自分以外の人や状況に転嫁したくなるのでしょう。ほんの小さなミスでさえ、自分に対する評価を下げてしまうと考え、分厚い保身バリアで自分を守っているのです。

このタイプには、**評価を下げる要因は「ミスをすること」ではなく、「ミスを認めないこと」だと理解させること**が必要です。そのためには「失敗＝評価の低下」ではないと、日々の発言や行動で示しましょう。失敗しない人はいないので、当たり前といえば、当たり前の話ですよね。

その上で、**「人」の問題と、仕組みやスキルなどの「事象」の問題を切り離して考えることを教えましょう**。客観的に事象を振り返ることができれば、再発防止に向けて、合理的なアイデアを考えられるようになります。

指導シナリオの例として、購買部の発注担当のケースで考えます。

上司　福島さん、この間の発注違いの件で相談したいのですが、今、大丈夫ですか？

福島　え、あれは仕方なかったってことで、話は終わりましたよね？

上司　大丈夫、責任云々《うんぬん》の話ではないので安心してください。というか、極端にミスを怖がっているようだけど、①**何か心配なことでもあるの？**

福島　そりゃ当たり前ですよ。誰だって、自分のせいにされたくないですからね。

上司　なるほど、そういうことですか。②**でも実は私、ミスってそこまで悪くないかもって思ってるんですよね。**

福島　えっ、どういうことですか？

上司　人間は失敗するのが当たり前ですよね。③**だからこそ、失敗を減らす工夫が楽しいのかなってね。**

福島　はー、そういうことですか。

上司　もちろん大きなトラブルは避けたいですが、④**小さなミスは改善の**

①あえて理由を尋ねる

②ミスに対する部下の思い込みを払拭する

③上司の考えを示す

④ミスの意義を説明する

チャンスになるでしょ？　だから福島さんにも、ミスをしないっていうより、(5)**小さなミスを改善につなげるスキルを身につけてほしいと思ってるんです。**

福島　なるほど。

上司　(6)**実は若い頃の私はミスを認められない、まったくのダメダメ社員でした（笑）。それはミスじゃないと言い張って、自分で改善や成長のチャンスを潰してたんですよね。**

福島　へー、意外です。若い頃はそんな感じだったんですね。

上司　そうそう。ミスを認めて客観的に振り返ったほうが、よっぽど建設的だなーって気づくまでに、七年もかかりましたよ。

福島　えーっ、七年も？（笑）

上司　だから、(7)**部下である皆さんには、私のような失敗を繰り返さないでほしいなと思ってるんです。**

福島　そういうことですか。よくわかりました。

上司　よかった。で、(8)**ここからが本題なんだけど、この間の発注違いか**

---

(5) 上司の期待値を率直に伝える

(6) 自分の失敗談で、部下を安心させる

(7) 上司の親心を語る

(8) ポジティブな方向に意識を向ける

福島　ら、**何か改善のヒントを考えられませんか？**

上司　……確定ボタンを押す前に、他の人が一度チェックするとか？

福島　それもいい案ですね。でも人手には限界がありませんか？　二倍の時間がかかるし、6とbといった文字は危うい気がします。(9) **理想は、誰がやっても間違わない仕組みですよね。**

上司　まぁ、そうですが……。あのー、実は前回、商品番号を打っただけで、商品名との照合はしていなかったんです。

福島　え、そうなの？

上司　はい、とにかくスピード重視だったので……申し訳ありません。

福島　とんでもない。(10) **それよりも、ちゃんと話してくれてうれしいです。ありがとう。**

上司　なので、まずは品番と品名を照合するプロセスを必須にしたらどうでしょうか？　少し時間はかかりますが、全件二人がかりでチェックするよりはいいと思います。

福島　素晴らしいアイデアですね。さっそく始めましょう。

(9) 人手より仕組みで考えるよう促す

(11) 行動変容はその場でしっかり褒める

シナリオの解説

話のテーマを「部下本人」ではなく、**「部下に起きた事象」に限定して、俯《ふ》瞰《かん》した話し方で進めること**がポイントです。早い段階で相手の保身バリアを取り除くことができれば、その後がとてもスムーズになるからです。その上で、ポジティブな方向に意識を向けて、改善のアイデアを尋ねましょう。

大事なことは、上司から先に案を提示しないことです。自分に期待されているとわかれば、自然と建設的なアイデアを言いたくなるのが人情というものですよね。

ポイントの二つ目は、**上司の失敗談を率直に語ること**です。

部下は、上司から「できない人だ」と思われることを何よりも恐れています。しかし、その上司が自分と同じ失敗をしていたとわかれば、一気に気が楽になりますよね。

上司の失敗談は、あらゆる場面で大きな効力を発揮します。そこからグッと距離が縮まったり、腹を割って話せるようになったりと、副次的な効果が絶大です。ぜひ試してみてください。

第4章

問題を解消する育成シナリオ

スキル編

基本スキルでも、教えなければできるようにはならない

本章では、スキルの問題について考えます。

本来、ビジネスに必要なスキルは、社会に出てから習得するもののはずです。しかし、対人コミュニケーション力や、「読む・書く・聞く・話す」といった国語力、計画性、実行力など、**あらかじめ習得していることが、当たり前の期待値になっているスキルもあります**。

ここにも期待と現実のギャップが潜んでいます。社会に出る段階で、どんなスキルを、どんなレベルで習得しているかは、千差万別のはずです。

しかしながら、「既に習得しているはず」「できて当たり前」と思い込んでいる上司は、あえて基本スキルを教えることはありません。結果として、

- コミュニケーション力が低い
- 段取りが悪い
- まともなメールが書けない

といった上司の悩みが生まれます。しかし、どんなに嘆いても、部下のスキルがいつの間にか上がるはずはありません。

さらに、これを放置すると、後々やっかいなことになります。

基本スキルは、年次が上がるに連れて、周囲から注意されなくなります。中堅になっても未熟なままであれば、大事な仕事を任せられない〝困った人材〟として扱われるようになってしまいます。

そうなった時、たいがいは「本人の問題」として片づけてしまいますが、本当にそうでしょうか？　私は、早い段階でしかるべき指導をしなかった組織や上司の側にも問題がある、と考えています。

逆に言えば、これらは「ビジネススキル」なので、きちんと教えて練習させれば習得できるはずです。できないことを嘆くのではなく、**できるように指導するのが教育**と心得たいものです。

「報連相」の理不尽

「報告・連絡・相談」、俗にいう報連相は、ビジネスコミュニケーションの根幹をなす、最重要スキルの一つです。上司にとっては「当たり前スキル」の最たるものでしょう。しかしながら、新人にとって、これほどハードルの高いものはありません。

学校生活では一度も習っていないにもかかわらず、社会に出た途端に「報連相すらまともにできないのか」となじられるなんて、非常に理不尽な話です。しかも、ようやく習得できたと思ったのも束の間、人事異動で上司が変わると、また振り出しに逆戻りです。

「そんな細かいこと、いちいち報告するな」

「そんな大事なこと、なんで報告しなかったんだ」

と、それまでに培った報連相の常識を、いきなり全否定されることも珍しくありません。とことん理不尽な話です。

ではなぜ、このような理不尽が生まれるのでしょうか？　その理由は、**日本中のどこを探しても報連相の標準がない**からだと私は考えています。つまり、全員が自己流です。自己流であるが故に、上司が変わるたびに、振り出しに戻されるというわけです。

また、部下をなじる上司も、若い頃、同じように上司になじられた経験があるのだと思います。自分が見よう見まねで体得したので、そもそも体系的に教えるという概念がないのです。そして、「自力で習得した」という自分の成功体験を、部下にも押しつけようとします。こうして**理不尽の連鎖が生まれます**。

報連相は教えられる

報連相は、ビジネススキルのひとつなので、もちろん**体系的に教えることができます**。

実際のところ、私の研修で、受講者の「メモ率」が一番高いのは、報連相のくだりではないかと思います。部下の立場の人も、上司の立場の人も、ひときわ熱心にメモを取ります。それだけ、困っている人が多いということなのでしょう。

ほとんどの新人は報連相が何であるかを知っていますし、それがすごく重要だということも理解しています。しかし、「どのように」の部分がわからないのです。

新人が必ず口にする悩みがあります。それは、「**何を、どこまで、報連相すればいいのか、さっぱりわからない**」です。これは「なぜ」を理解していないことに起因しています。このあたりが指導のポイントです。

何を報告すればいいのか

上司であるあなたは、部下から何を報連相してもらいたいですか？

- 売上にかかわること
- 経費にかかわること
- スケジュールにかかわること
- 品質にかかわること
- 安全衛生にかかわること
- 人事にかかわること
- 組織にかかわること
- 取引先にかかわること
- 顧客にかかわること
- コンプライアンスにかかわること
- リスクにかかわること

……などと、挙げ出したらキリがありません。つまり、**全部**ですよね。しかし、新人には「全部」がわかりませんので、このように具体的な例を示すことが必要です。

なぜ報告が必要なのか

「全部が報告対象」と言われて、「えっ？」と驚かない新人は極めて稀《まれ》だと思います。報連相が重要だと知ってはいても、なぜ報連相が必要なのかを理解していなければ無理もありません。したがって、理由もきちんと説明する必要があります。

「報連相」より「情報共有」という言葉のほうが、新人はピンとくるかもしれません。企業は、個人単位ではなく、組織として機能する必要があります。したがって、一番避けたいのは「属人化（担当者しか、その仕事の状況を把握していない状態）」です。**組織の中で起きていることは、組織としてすべて把握している必要がある**のです。

組織に属している社員全員が「情報」というネットワークでつながっています。そして、共有された情報をベースに、それぞれが適切な行動をとらなければなりません。

その根幹になるのが報連相だということです。

新人のうちは、上司が「部下の行動を監視する」ために、報告を求めているなどと勘違いしがちです。この誤解は早い段階で解いておきましょう。

どこまで報告すればいいのか

では、次に「どこまで」の部分を考えましょう。これが、人によって大きく差が出るポイントです。

なぜなら、上司の個人的なビジネス哲学や置かれた立場によって、求める内容が違うからです。

そこで私は、**ピラミッド型の報連相**をおすすめしています。次のページで詳しく解説します。

報連相は「ピラミッド型」が正解

「ピラミッド型の報連相」とは、左図のように上から下に降りるほど、報告する情報の量が多くなるイメージです。

第一階層は、「ヘッドライン」の報告です。ヘッドラインとは、新聞などの目立つ文字で書かれた見出しのことを言います。

例えば一日の終わりに、「今日やった仕事の報告」をさせる場面を想像してください。新人のうちは、どうしても結果ではなく、プロセスを語りたがる傾向がありますよね。このヘッドライン報告をさせると、自然と結論から先に述べる習慣がつきます。

ヘッドラインの報告を教えるには、次のような説明が効果的です。

ピラミッド型の報連相

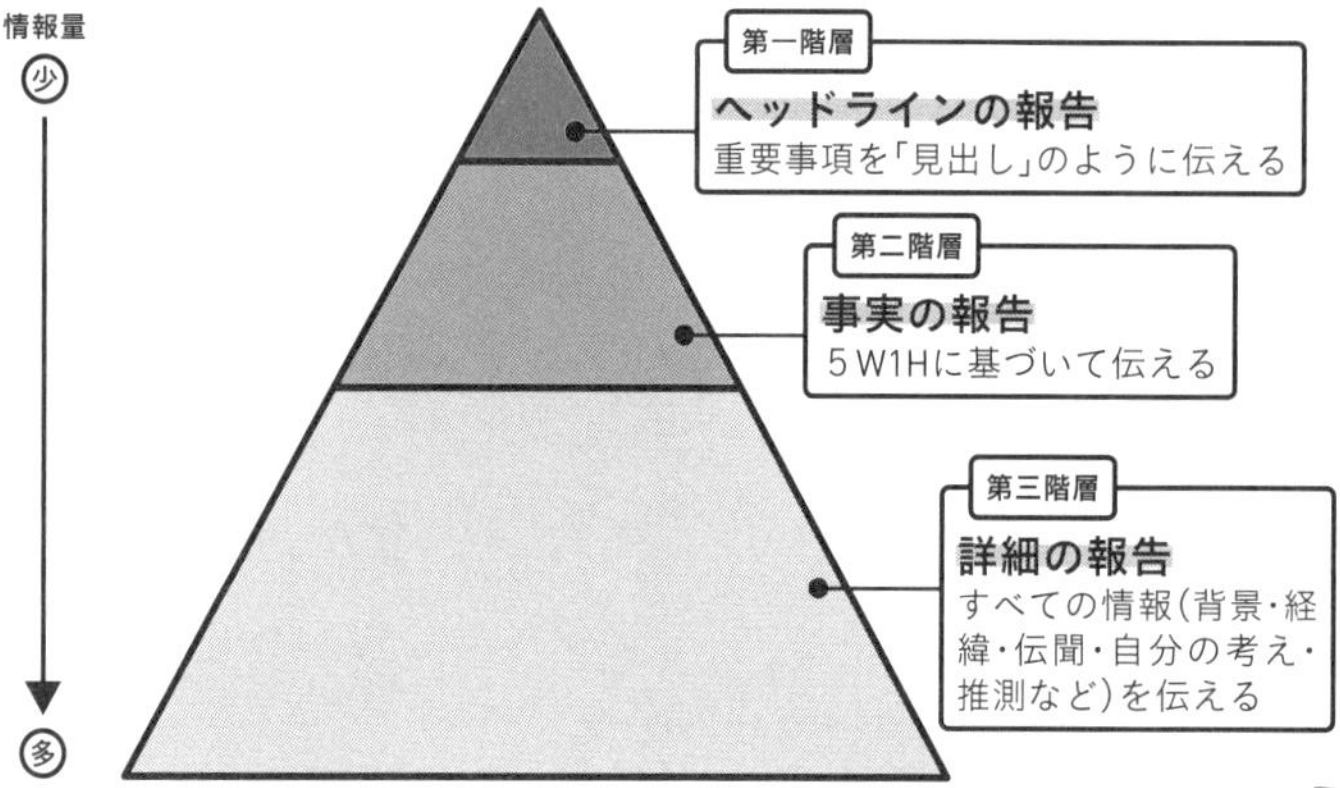
情報量
少
多
第一階層
ヘッドラインの報告
重要事項を「見出し」のように伝える
第二階層
事実の報告
5W1Hに基づいて伝える
第三階層
詳細の報告
すべての情報（背景・経緯・伝聞・自分の考え・推測など）を伝える

「ネットニュースのサイトを思い出してください。無数のヘッドラインが表示されますが、すべてを読む人はいませんよね。興味のあることだけをクリックするでしょ？　あれと同じです。一行で内容がわかる、簡潔なヘッドラインで報告してください」

ヘッドラインの報告の中で気になることがあれば、そこをクリックすればいいわけです。つまり、「それって何だっけ？」と新人に尋ねればOKです。そこから、**第二階層の「事実」の報告**に移ります。

事実の報告では、いつ、誰が、何を、どうしたなど、5W1Hに基づいて、事実を報告させます。それを聞いて、「あ、そういうことか」と納得できれば終了です。まだ情報が足りなければ、「もっと詳しく教えて」と、もうワンクリックして、第三階層に移りましょう。

第三階層は、「詳細」の報告です。つまり、持っている情報をすべて報告させます。背景や経緯、第三者からの伝聞、部下の所見などがここに含まれます。

ただし、部下本人が確認した事実なのか、他人からの伝聞なのか、部下の個人的な考えなのかなど、**情報の性質や出所を明確にして伝えるように指導する**ことが肝要です。

「ピラミッド型の報連相」のメリット

ピラミッド型の報連相には、上司と部下の双方に多くのメリットがあります。主なメリットを5つご説明します。

❶ 上司の価値観を理解できるようになる

上司がどのような性質の情報をクリックする（必要としている）のかがわかれば、おのずと上司の価値観が明らかになります。ネットの検索で、徐々に「おすすめ情報」が的確になっていくように、部下も上司のニーズに合わせて、情報のプライオリティ（優先順位）をつけてくれるようになります。

❷ 時間を節約できる
最初は、報告のために必要なすべての情報を【第三階層】まで整理して準備する必要があります。しかし、**必要のないものが明らかになってくれば、詳細の情報整理にかけていた時間は不要になります。**

また、上司にとっても、簡潔で不備のない報告を一度で受けられれば、何度も確認する手間が省け、時間の節約につながります。

❸ 新しい上司や部下と関係を構築しやすい
段階的に報告することで、本章の124ページでご紹介したような、ビジネス哲学の違いによって起こる、**かみ合わない報連相のストレスは発生しなくなります。**

もちろん、上司の求める情報がわかるまでは、少し準備に時間がかかります。しかし、かみ合わない状態が続くことによる双方のストレスに比べれば、よほど建設的な時間の使い方でしょう。

❹ビジネスに相応しい話し方が身につく

自然と「結論から簡潔に話す」習慣が身につきます。部下のダラダラした話を聞きながら、上司がイライラするような場面を回避することができます。

❺早期離職の芽を摘む

「それは報告なのか、相談なのか、何なんだ？　結局、何を言いたいのか、さっぱりわからない」と、上司が声を荒らげる場面はよくあります。しかし、この叱責で心が折れて、退職を考える新人もいますので要注意です。

上司としては、「え、たったそれだけで？」と言いたくなりますが、**打たれ弱いタイプの新人には、この叱責が耐え難いハラスメントに聞こえることがある**ようです。

早期の離職は、上司にとっても新人にとっても、そして組織にとっても大きな損失です。あらかじめ「理想の報連相」を教えておけば、早期離職の芽を一つ摘むことにつながります。

ここまでで、報連相を例にとって「当たり前スキル」の考え方を説明してきました。繰り返しになりますが、**「できて当たり前」は、上司の希望的な思い込み**です。ビジネススキルは、教えることが基本です。もともとできていたら、ラッキーくらいに考えるようにしましょう。

一度教えただけではできるようにならない

丁寧に教えたのだから、「もうできるだろう」と思うのは早計です。むしろ、**一度ですべてができるようになる人のほうが少数派**ではないでしょうか。

以前、指導者向けの講座で、「一度でできてもらわないと困ります！」と断言した受講者がいて、思わず苦笑したことがあります。お気持ちは重々お察ししますが、それを当たり前と期待するのは無理があります。

例えば、「小学校から社会に出るまでの十数年間、学校で一度習ったことは忘れず、テストではいつも100点を取っていた」という方が、世の中にどれ程いるでしょうか？　恐らく、かなり限られた方だけだと思います。

普通の人は、そうはいきません。一度教わっただけでは、理解できた部分とできなかった部分が、まだらのような状態です。その後も**何度か復習と質問、実践を繰り返して、徐々に習得していきます**。もちろん、仕事も同じです。

できている点と、できていない点をセットで伝える

丁寧に教えた後は、できるようになるまで、しっかりサポートしましょう。ここで大切なことは、**できていない点だけを指摘しないこと**です。できていない点を注意するだけでは、相手のモチベーションが上がるはずもありません。

実は昭和の人材育成は、ほとんどこれでした。できている点は黙殺され、できていない点や至らない点だけを、集中的に指摘されました。よほど目立った功績がない限り、上司に褒められることも少なかったと思います。

ところが平成になり、「今の子は、褒めないとすぐに辞めちゃうぞ」という声が、あちこちから聞こえるようになりました。堂々と「私は褒められて伸びるタイプです！」と公言する世代が出てきて、昭和育ちの管理職は腰を抜かしたことでしょう。

それでも、上司の命令が絶対だった昭和世代の管理職は、「とにかく褒めろ」という指示もなんとか受け入れました。パワハラと言われることへの警戒心も手伝ってか、ダメ出しを封印して、褒めることに徹した方も多いのではないでしょうか。

しかし、残念ながら、どちらのパターンも不十分です。できている点を褒めるだけだと、部下は「自分は完璧だ！」と勘違いしてしまうので、そこで成長が止まってしまいますよね。大切なことは、双方を**セットで伝える**ということです。

まずは、**できている点とまだ伸びしろのある点を、客観的に可視化しましょう**。そして、それらを対比で伝えればいいのです。例えば、

「〇〇は十分できるようになりましたね。それに比べると△△はもう一歩なので、今度はこちらに力を注ぎましょう」

という具合です。

自分の力量が上司の期待に見合うレベルに達しているかどうか、部下は自分で判断することができません。これは上司が伝えるべきことです。

上司に認められれば、部下は安心します。その上で、**「次は△△をやれば褒められる」と理解できれば、自然とエネルギーがそちらに向かう**はずです。

改めてまとめると、部下にスキルの指導をする際のポイントは次の三点です。

- 「当たり前」と思うスキルでも、丁寧に教えること
- 一度教えただけで、すぐにできると思わないこと
- できている点と伸びしろのある点を可視化して、セットで伝えること

それでは次のページから、具体的な事例をベースにシナリオを考えましょう。

社員No.
12

学習能力低い

系部下

- フィードバックには素直にうなずく
- 時間が経つと、また同じミスを繰り返す

エピソード

福岡さんは一年目の社員です。少しずつ仕事に慣れて、なんとか一人で業務をこなせるようになりました。ところが、できるようになったかと思うと、同じ間違いを繰り返します。フィードバックをすると、「はい、わかりました」と素直に返事をするのですが、しばらく時間が経つと忘れてしまうのか、また間違えるのです。

本人はまったく気にする素振りを見せないので、厳しく叱っていいものかどうか悩んでしまいます。どのように指導したらいいでしょうか。

指導ポイント

これは、成長途上の段階でよく見かけるケースです。一通りの仕事をこなせるようになった一方で、**知識やスキルが完全に定着しているわけではないという、不安定な状態が引き起こす問題**だと思います。

慎重に取り組んでくれればいいのですが、慣れてくると、いちいちメモを見るのが億劫《おっくう》になりがちです。早く仕上げようとしたり、油断して注意力が散漫になったりするのでしょう。本来ならば提出前に見直すだけで、ミスを防げたはずです。しかし、上司にとっては当たり前の見直す工程も、若手にとっては「面倒なプロセス」であることが多いようです。

このタイプには、**厳しく叱っても効果は期待できません**。緻密にミスの原因を突き止めることが有効です。

それでは、帳票出力用のデータを作成する例で、シナリオを考えましょう。

上司　福岡さん、昨日やってくれた帳票出力のリストですが、抽出条件が間違っていました。

福岡　え、本当ですか。申し訳ありません。

上司　①**たしか先月も間違っていて、やり直してもらいましたよね。そのことは覚えていますか？**

福岡　はぁ、なんとなく……。そういえば、そんなことがありました。

上司　なるほど。ちなみに、先月やり直してもらったとき、②**正しいやり方のメモは取りましたか？**

福岡　はい、たしか……。あ、ありました。メモしています。

上司　よかった。ちなみに今回は、そのメモを見ずに作業したのかな？

福岡　すみません。メモは見ませんでした。

上司　そうでしたか。それって、③**メモを見なくても大丈夫だと思ったの？　それとも、メモの存在自体を忘れていたのですか？**

福岡　……すみません、メモの存在を忘れていました。

上司　なるほど。④**では今、そのメモを見て、今回の作業でどこが間違っ**

① まず記憶を確認する

② メモの有無を確認する

③ どこに問題があるのか検証する

④ メモの正確性を確認する

ていたか見つけられますか？

福岡　えーと……、日付の設定ですか？　当日を含むかどうか……。

上司　そうです、大正解！　ということは、⑤**メモをちゃんと見ていたら間違えずにできたってことですね**。

福岡　はい、申し訳ありませんでした。

上司　いえいえ、謝らなくて大丈夫ですよ。⑥**正しくメモを取れていてよかったです**。では、今後のことを考えましょう。次は間違えないようにするために、何か工夫はできそうですか？

福岡　次はちゃんとメモを見るようにします。

上司　それは大切なことですね。でも今回は、メモの存在自体を忘れていたんですよね。⑦**それを防ぐためにはどうしましょうか？**

福岡　えー……、忘れないように意識します。

上司　意識するのは大事だけど、それだけだと少し心細いですね。⑧**もう少し確実な方法はありませんか？**

福岡　うーん……あ、では、来月のカレンダーにリマインダーを入れて

⑤ メモの効果を認識させる

⑥ メモする力は率直に褒める

⑦ 方法論は本人に考えさせる

⑧ さらに深掘りする

おきます。作業の前日にアラームが鳴るようにすれば、きっと忘れないと思います。

上司　(9)**それはよさそうですね**。では早速カレンダーに入力しましょう。

福岡　はい、わかりました。

上司　ちなみに(10)**今回、提出前に見直しはしましたか？**

福岡　……すみません、やってませんでした。

上司　そうでしたか。どんなに慣れた仕事でも、うっかりミスはあり得ますよね。提出前に見直して、データの正確性を確認することはできませんか？

福岡　そうか。対象範囲のデータが含まれているか、確認すればいいわけですね。

上司　そうすれば、さらに確実ですね。(11)**見直しはあらゆる業務に有効なので、ぜひ習慣にしてもらいたいです**。

福岡　はい、わかりました。やってみます。

上司　よかった。では、よろしくお願いします。

---

(9) 率直に褒める

(10) 別の方法も考えさせる

(11) 期待する行動を伝える

シナリオの解説

同じミスを起こす原因は、いくつも考えられます。**一つひとつ質問して、部下がどこでつまずいたのかを明らかにしましょう。**

①見直しはしたのか？
②前回の指導は覚えているか？
③メモはきちんと残してあるか？
④メモを見ても間違えたのか、それとも、見ないで間違えたのか？
⑤（メモを見たなら）メモの取り方は適切だったのか？
⑥（メモを見なかったなら）前回と同じケースだと認識できたのか？

こうして原因を特定できれば、部下も自分で解決策を考えられます。

ただし初期の段階では、ふわっとした案しか出てこない可能性もあります。その場合はなるべく合理的な策を考えられるように、ヒントで導きましょう。

社員No.
13

ピント外れ系部下

● 早合点して間違う
● 思い込みで暴走して、やり直しになる

エピソード

山梨さんは今年三年目の社員です。仕事への取り組みは真面目で、上司の指示にも素直なタイプです。

本来ならば、どんどん仕事を任せたいのですが、残念ながら、仕事の成果が今ひとつです。というのも、なぜかピントのずれた結果になることが多く、そのたびにやり直しになるからです。

時間をかけてやってくれたものに対して、「そういうことじゃなかった」と言うのは心苦しく、だんだん仕事を頼みにくくなってしまいます。どのように指導すればいいでしょうか。

指導ポイント

上司の指示を聞いてはいるものの、実は正しく解釈することが苦手なタイプです。冒頭だけ聞いて早合点したり、自分の思い込みの範囲内で勝手に解釈したりします。それが真面目な姿勢と組み合わさった結果、思わぬ方向への暴走となるようです。

このタイプには、**とにかく丁寧な指示出しが成功のカギ**です。第1章でご紹介したように、一つひとつかみ砕いて、くどいくらいに説明しましょう。

また、「わかった？」と聞くと、反射的に「はい」とうなずく可能性も高いです。この返事を鵜呑《うの》みにせず、必ず成果物のイメージをすり合わせてください。

さらに、**頻度の高い進捗確認も必須**です。手間がかかるように見えますが、やり直しの手間に比べれば、かなりの時間節約です。

しかしながら、永遠にこれを続けるのは非現実的なので、正しく解釈する力を伸ばしたいですよね。シナリオでは、その部分を考えてみましょう。

上司　山梨さん、ちょっと相談があります。

山梨　はい、どんなことでしょうか。

上司　これまでに、何度か仕事のやり直しを頼んだことがありますよね。

山梨　はい、そうでした。申し訳ありません。

上司　謝らなくていいですよ。それよりも、今後どうしたらいいかを考えましょう。①**やり直しは、なぜ発生したと思いますか？**

山梨　私が提出したものが、課長の求めるものではなかったから？

上司　そうですね。では、なぜ違うものを作ってしまったのでしょう？

山梨　なぜって……。

上司　②**私の指示を受けたとき、山梨さんの頭の中には、完成図のイメージはありましたか？**

山梨　なんとなくは、ありました。

上司　なるほど。では、③**その段階でお互いのイメージの違いに気がつけば、二度手間にはならなかったってことですね。**

山梨　はい、そうですね。

① 原因を考えさせる

② 過去を振り返る質問

③ 問題解決の糸口を示す

上司　じゃ、その点を少し考えましょうか。突然ですが、④**例えば私が「明日の朝食のパンを買ってきて」と言ったら、どうしますか？**

山梨　多分……、パンを買いに行きます。

上司　⑤**どんなパンを買いますか？**

山梨　普通の……食パンです。

上司　なるほど。⑥**でも、私はメロンパンが食べたいのかもしれないし、デニッシュとか、バゲットかもしれませんよね。**

山梨　あ、なるほど。

上司　山梨さんは、⑦**ちょっと思い込みが強いみたいですね。**

山梨　う……。すみません。

上司　じゃ、ちょっと練習しましょうか。私が「頭が痛い」と言ったらどうしますか？

山梨　もちろん、すぐに頭痛薬をお持ちします。

上司　思い込みのクセが出ていますよ。⑧**他の可能性はありませんか？**

山梨　あ、そうか。えーと……風邪をひいて熱があるとか？

---

④ 場面で行動を考えさせる

⑤ 掘り下げる

⑥ 思い込みに気づかせる

⑦ 端的に指摘する

⑧ 柔軟に考えさせる

上司　いいですね。⑨**他には？**

山梨　あ、何か悩みがあるとか。……これ以上は、浮かびません。

上司　まぁ理論的には、どこかに頭をぶつけたかもしれませんよね。

山梨　なんと、それもありましたか。

上司　決めつける前に、想像力を働かせて、あらゆる可能性を考えられるといいですね。⑩**では、次に仕事を頼まれたら、どんな点に気をつけましょうか？**

山梨　えーと、とりあえず、いろいろ考えてみます。

上司　いいですね。⑪**それから？**

山梨　思いついた可能性の中のどれが正解か、相手に質問してみます。

上司　素晴らしい。それなら、やり直しを未然に回避できそうです。山梨さんには、想像力と質問力を磨いてもらいたいです。

山梨　はい、わかりました。

上司　よかった。では、よろしくお願いしますね。

---

⑨ 想像を広げさせる

⑩ 対策を考えさせる

⑪ 具体的な行動をイメージさせる

シナリオの解説

このタイプには、まず**思い込みの強さを認識してもらう必要があります**。仕事を例にとるとわかったフリをする可能性があるので、日常生活によくある場面を例に挙げるほうが効果的です。

「思い込み」という弱点を自覚できれば、そこを補う行動が生まれるはずです。折に触れて「これで正しいかな？」と自分の思い込みを疑い、相手に確認する習慣が身につけば、自然とピントが合ってくるのではないでしょうか。

ただし、**一方的に部下の努力に委ねないこと**も大切です。初期の段階では、折に触れて「他に何か可能性を考えてみた？」と質問し、部下の思考を広げましょう。

他にも指示の出し方や、進捗確認のタイミングや頻度など、上司が工夫できることもたくさんあります。お互いに歩み寄りつつ、部下が弱点を克服できるようサポートしてください。

社員No.
14

締め切りルーズ系部下

- 思いつきで、非現実的な取り組みをする
- リスクを先読みできない

エピソード

今年二年目の茨城さんは、締め切りを守れないタイプです。毎回のように遅れるので、散々念を押すのですが、結局は遅れてしまいます。

先日も自信たっぷりに「今回はちゃんと提出します」と言っていたのに、「すみません。データをもらおうと思っていた代理店の担当者が休みで、他にわかる人がいないそうです」と言い訳をして、結局は翌日になりました。要するに、段取りが悪いのです。

いつまでもこんな調子では困るのですが、どうしたら、計画性を持って仕事を進められるようになるでしょうか。

指導ポイント

このタイプはもともと楽観的で、物事がすべて計画通りに進むと考えている傾向があります。頭の中にはゴールでガッツポーズをする自分がいるのですが、そこにたどり着く道のりを想像できません。いざ走り出してみたら、思いの外、遠かったり道が険しかったりして、期限までにゴールにたどり着けないというパターンを繰り返します。「できると思ったのですが……」「○○しようと思ったら、△△だったのです」という言い訳が特徴的です。

一方、このタイプは、優れた発想力を持っていることも多いです。周囲が驚くようなアイデアを連発してくれます。ただ、それを具現化する工程や想定外の事象を先読みする力が不足しているので、問題がややこしくなるのです。

このタイプには、**想定外のことが起きる可能性を織り込んだ計画を立て、早め、早めに行動することを教える**必要があります。その部分の指導方法を、シナリオで考えてみましょう。

上司　茨城さん、締め切りを守るための対策を一緒に考えませんか？

茨城　はい。でも遅れる理由は毎回違うので、対策と言っても……。

上司　表面的な理由は毎回違うかもしれませんが、原因は一つです。

茨城　え、どういうことですか？

上司　気がつきませんか？ (1) **先読みができていないのです**。では、例えばプレゼン資料を作るとしたら、どんな工程で進めますか？

茨城　先読みですか？　えーっと、①全体の構成を考える、②盛り込む内容を考える、③必要なデータを集める、④フォーマットに整える、という感じです。

上司　はい、いいですね。茨城さんは、①と②はうまくできると思います。一番の問題は③でしょうか

茨城　データ集めですか？

上司　はい。一言でデータ集めと言っても、簡単じゃないですよね。(2) **理論的に、予定通りにいかなくなる理由を思いつきますか？**

茨城　えーと、例えば、使えそうなデータが見つからないとか？

---

(1) 率直に指摘する

(2) まず考えさせる

上司　そうそう、そういうことです。今回のように、ほしいデータを持っている人がつかまらないこともありますよね。(3) **私も昔、手書きのアンケートをデータ化するのに丸二日もかかったとか、データ出力しようと思ったらシステムメンテナンスが始まってしまった、なんて失敗をしたことがあります。**

茨城　えーっ、そんなことが？

上司　はい、若い頃は私もたくさん失敗しましたよ。茨城さんは、(4) **すべて予定通りに進む前提で計画を立てていませんか？**

茨城　う……たしかに。それが、納期に遅れる原因ってことですか？

上司　主な原因はそれだと思います。(5) **ちなみに、茨城さんは発想が豊かで、素敵なアイデアを思いつくことが多いですよね。**

茨城　そう言っていただけるとうれしいです。

上司　その素晴らしいアイデアは、初めてやることが多いですよね。つまり、想定外のことが起きる可能性も高いはずです。(6) **アイデアを具現化するための工程や所要時間、不測の事態まで考えて、きち**

(3) 上司の失敗も語る

(4) 率直に問題提起する

(5) よい点は褒める

(6) 行動を振り返らせる

茨城　**んと計画に織り込んでいますか？**

上司　それはまったく考えていませんでした。

茨城　やはり、そうでしたか。そのあたりが課題ですね。(7) **では今後、納期を守るために、どんな工夫をしますか？**

上司　えーっと、作業のプロセスだけでなく所要時間も想定して、余裕のある計画を立てます。

茨城　いいですね。他には？

上司　うーん……すみません、わからないです。

茨城　計画だけでなく、早めに行動を起こすことも大事ですよね。予定を前倒しして、悪いことは何もありません。(8) **締め切り日ぴったりを目指すのではなく、締め切り前に提出するのはどうですか？**

上司　わかりました。やってみます。

茨城　先読みして行動できると、仕事の質も上がります。ぜひ頑張ってください。

7　解決策を考えさせる

8　踏み込んで、具体的な行動に落とし込む

シナリオの解説

このタイプには、**想定外の事態が起きる可能性を認識させること**から始めます。その上で、想定外のことにかかる時間も織り込んだ計画を立てるよう指導しましょう。

続いて、**具体的な段取り力を磨く指導**をします。仕事に取りかかる前に、作業工程と見込み所要時間の計画表を作らせます。仕事が完成したら、実際に行った作業と所要時間を計画表に書き込み、元の計画とのギャップを可視化しましょう。どこにギャップが生まれたのか、そのギャップがなぜ生まれたのか、しっかり原因を分析し、改善策まで考えさせます。「もし同じ仕事をするとしたら、どんな点に気をつけますか？」と質問すればＯＫです。

これを**繰り返すことによって、徐々に段取り力が上がっていきます**。計画と現実のギャップを埋めることが重要なので、振り返りは丁寧に行うことをおすすめします。

社員No.
15

ダラダラ話す
系部下

- 結論から先に話せない
- 情報の取捨選択ができない

エピソード

大分さんは今年入社の新人です。現場に配属されて約10カ月が経ちますが、いまだにビジネスにおける話し方が苦手です。「結論から先に言って」とか、「簡潔にまとめて話して」と何度も言っているのですが、どうしても長々と経緯を語りたがります。

時間のあるときはまだいいのですが、こちらも忙しいと、ついイライラしてしまいます。最近は、よくないと思いつつも、話をさえぎってしまうことが増えました。どうしたら、簡潔に話せるようになるのでしょうか？

指導ポイント

これは、社会に出たばかりの新人によく見られる問題です。学校教育では結論から話すことは学ばず、むしろ時系列で話すことを推奨されるので、無理もないお話でしょうか。

小学生が書く、遠足についての作文をイメージしてください。前日にお菓子を買いに行くところから始まり、バスの中の様子や歩きながら見たもの、みんなでお弁当を食べたこと……などが、延々と時系列で語られます。

しかし、ビジネスにおいて時系列で何かを書くのは、残念ながら、始末書や顛《てん》末書など、失敗した場合がほとんど。学校教育とビジネスとのギャップを痛感しますよね。

ビジネスでは「PREP法（結論→理由→理由の詳細〔具体例〕→結論の順に話すこと）」という話し方が好まれます。 結論を最初に話すことで、要点が簡潔に伝わるため、「結局、何が言いたいの？」とならずに済むのです。

「結論から簡潔に話す」には、とにかく練習あるのみ。辛抱強く働きかけましょう。

大分　すみませんが、今月から私が月報を作成することになったのですが、今月は三連休が二回もあったので、先月との比較だと日数が合わなくて、グラフの見せ方を検討しようねと先輩に言われていたのですが、先輩が急な発熱でお休みになってしまって、来週月曜日の会議に間に合わないかもしれないから課長に聞いてと言われたのですが……。

課長　本当に申し訳ないのですが、何を言いたいのかよくわかりません。月報も大事だけど、①**まず簡潔な話し方を勉強しませんか？**

大分　でも……。

課長　ビジネスに相応しい話し方は、月報よりもずっと重要ですよ。まず、②**何をしてほしいのか、一言で言ってみてもらえますか？**

大分　えーと、月報に載せるグラフの先月と今月の日数が合わないので、どんな見せ方をすればいいか教えてもらいたいです。

課長　なるほど、そうきましたか。まだ二つの情報が混在していますね。③**一番重要なのは、どの部分ですか？**

① 率直に問題提起する

② 考えさせる

③ 妥協せず、さらに考えさせる

大分 えーと……月報に載せるグラフの見せ方ですか？

課長 そう、それを最初に言ってほしいのです。もう一度、ちゃんと言ってみて。

大分 月報に載せるグラフの見せ方を教えてください。

課長 素晴らしい。それが、結論から先に言う方法です。(4) **一番重要なことを、一つだけ言えばいいのです。**

大分 でも、他のことは、いつ言えばいいのですか？

課長 結論の後に、理由を言いましょう。原則的には、一番重要な理由を一つだけです。(5) **さっきはいろいろと言ってたけど、グラフの見せ方を教えてほしい一番の理由はどれですか？**

大分 先輩が急に休んで、月曜日の会議に間に合わないからです。

課長 (6) **それは、私に尋ねる理由であって、グラフの見せ方を知りたい理由ではないのでは？**

大分 え？　あ、そうか。えーと、今月は三連休が二回あって、先月と稼働日数が違うからですか？

---

(4) 原理原則を教える

(5) 情報を整理させる

(6) 論点を整理させる

課長　その通り。それだけを伝えればＯＫです。その他の情報、例えば、今月から月報作成を任された、先輩が休んだといったことは、質問された場合にのみ答えればいい、いわば「周辺情報」です。

大分　そういうものですか……。

課長　はい、ビジネスでは一から十までを語る必要はないのです。

大分　なるほど。

課長　くどいようですが、ビジネスは結論が主役です。⑦**周辺情報を延々と語ると、言い訳しているように聞こえますよ**。

大分　え、言い訳ですか？　ぜんぜん違うのですが……。

課長　本人にそのつもりはなくても、「○○なのですが、△△なのですが……」と続くと、言い訳に聞こえるのです。不要な情報を削るというより、⑧**絶対に必要な情報だけを選ぶよう、練習してみてください**。

大分　はい、わかりました。

⑦ 長々と語るデメリットを伝える

⑧ 具体的な行動を伝える

シナリオの解説

ここでは口頭で指導していますが、**実際には文字に起こすことをおすすめします。**長々と語った話を、文節ごとに区切って箇条書きにするとわかりやすいです。

- 今月から自分が月報を作成することになった
- 今月は三連休が二回あった
- 先月と日数が合わない
- グラフの見せ方を検討しようと先輩に言われていた
- 先輩が急な発熱で休んだ
- 来週月曜日の会議に間に合わないかもしれない
- 代わりに課長に聞くように言われた

ここから、本当に必要な情報をマーカーで塗って、文章を再構築させればいいのです。何回か繰り返すとコツを掴めるようになります。30分ほど集中して練習させることで、話を簡潔にまとめる力が身につきます。

第5章

問題を解消する育成シナリオ

関係構築編

ジェネレーションギャップは永遠のテーマ

本章では、上司と部下の関係を構築する方法について考えましょう。

世代や年代の違いによるジェネレーションギャップは、脈々と続く不変のテーマです。古代ローマの遺跡に、「近頃の若い者は……」という落書きがあると知ったときは、つい笑ってしまいましたが、同時に妙な安心感も覚えました。時代や場所が変わろうと、人間の悩みは同じなのだと思ったからです。

その一方、ビジネスのスピード化が加速度的に進む現代社会では、このギャップがどんどん大きくなっていると感じます。ＯＪＴ指導者向け講座に参加していた五年目の社員が、「最近の若い人は……」と発言したのには、かなり驚きました。50代の私から見れば、その方も十分に「最近の若い人」だったからです。

思わず、どんな時にギャップを感じるのか尋ねたところ、主に、仕事に取り組む姿勢に関することを挙げてくださいました。例えば、次のようなお話です。

- 休暇前なのに仕事が終わらないまま帰る
- 常に指示待ち姿勢で、グループアドレス宛のメールにはまったく手を出さない

この方のお話から、**「最近の若い人」と言っても、実は二つのポイントがある**ことがわかりました。

❶ 社会人用マインドセットの醸成レベルの違い
❷ 育った時代や環境による価値観・常識の違い

20代の先輩社員が感じる「最近の若い人」とのギャップは、主に①に関することのようです。それに対して、30代半ば以降の管理職が感じる「最近の若い人」とのギャップは、①と②の混合型によるものでしょうか。

①の問題についてはこれまでに解説してきたので、ここでは②について少し触れた

いと思います。

世の管理職がよく口にする「今どき世代」、つまりミレニアル世代の後半とZ世代の初めにあたる、1990年~2000年生まれの世代の特徴を改めてご紹介しましょう。

何に対しても反応が薄い

うんともすんとも言わない、理解したのかわからない、何を考えているのかわからないなど、反応の薄さに関するお悩みはよく相談されます。

多くの場合は、**「表現下手」が原因**です。これは両親や祖父母をはじめとする〝大人〟に囲まれて、過保護気味に育った人に多く見られる傾向です。なぜなら、自分の意思表示はおろか、返事さえしないうちに、周りの大人が「はい、おやつ食べて」「寒いから手袋しようね」「絵本読むよ」などと勝手に世話を焼いてしまうからです。

こうして育った結果、言葉を発しない、相づちも打たない――つまり、反応の薄いタイプができあがるというわけです。

その一方で、面白いことに、**他人の表情を読む力は備わっている**ことが多いです。上司の顔色をうかがいつつ、優等生的な発言や行動をする傾向もあるようです。

おとなしくてガラスのメンタル

普通の指導を威圧的だと感じたり、些細な失敗でショックを受けて休んだりする人の話もよく聞きます。中には、ふてくされたり、逆ギレしたりする人もいるそうです。

日常生活で、意見の相違や批判、指摘を受けるというのはごく当たり前のことですよね。多様な意見を交わして議論をすることで、よりいいアイデアが生まれるものです。しかし、**自分の意見に対する否定的な反応や意見の衝突に慣れていないと、それ自体が人格否定であるかのように勘違いしてしまいます**。「指摘＝この世の終わり」と極端な捉え方をして、パニックになってしまうようです。

また、気持ちを切り替える力や立ち直る力も乏しいことが多く、一度モチベーションが下がるとなかなか復活できません。表面上は普通なので、克服できたのかと思っていたら、ある日、唐突に退職を告げられたというケースもよく耳にします。

衝突を避けたいがために自分の意見は言わない、飲み会に誘えば来るものの一言も話さず座っているなど、**極度の受け身**とも言える態度をとります。

ある県立高校で、「自分からはあまり話せないけど、話しかけてくれたら話せるタイプなので、ぜひ話しかけてください」という趣旨の自己紹介をした生徒が、クラスの七割近くいたと聞いたこともあります。これも「受け身」志向の表れだと思いますが、興味深いのは、同年代の級友に対しても、能動的に動きにくいと感じている点です。学校という社会では、受け身でいたほうが楽だと、いつの間にか学んでしまうのかもしれません。

中には、いわゆる「裏アカウント」をいくつも持って、コミュニティごとに「見せる自分」を使い分けている人もいます。職場においても、よほどの**心理的安全性が確保されない限り、本当の自分を見せられない**のでしょう。

子どもの頃からSNSを使い、さまざまな「炎上」トラブルを見て育っているのであれば、警戒心が強くなるのもうなずけます。悪気なく発した一言や無意識の行動が、思わぬトラブルに発展することを恐れる気持ちが強いのだと思います。

出世や競争への興味が薄い

「そんな調子じゃ同期に勝てないよ」と言ったら、ポカンとされたという話もよく聞きます。今どき世代は、そもそも少子化で競争相手が少ない上に、主役が何人もいる学芸会のように、競争をさせない環境で育ってきているので当然なのかもしれません。**同期はライバルではなく、お互いに助け合い、支え合う仲間という意識が強い**ようです。

それゆえに、同期に先んじて昇進しようという意欲は乏しく、むしろ**同期の仲間を支えられる自分になれることへのモチベーションのほうが高い**と感じます。横並び思想とも言えるかもしれません。

また、**上司のポジションが魅力的に見えていない**ことも、出世を敬遠する原因の一つではないでしょうか。

自分の仕事を抱えながら、部下のフォローもして、さらに上からの指示にも応えなければならない。責任範囲が増えて労働時間も長くなりがちなのに、残業手当もつかない。これではいいことなしです。

さらに、この世代は大きな自然災害や、さまざまな社会問題を見て育っているせいか、**「絆」や「つながり」を重視する**傾向があります。誰かの役に立ちたい、社会に貢献したいといった気持ちの強い人が多いです。会社でボランティア活動などに参加すると、「地域の方々に喜んでもらえてよかった」と率直な手応えを語ってくれます。

会社の規模や将来性よりも、社会貢献に意欲的な社風や価値観に共感して、就職先を選ぶ傾向もあるように感じます。

承認欲求が強い

「自分は褒められて育つタイプです」と、率直に表現できる特性があります。その素直さをうらやましいと思う一方で、複雑だなと思うこともあります。

それは**「自分らしさ」へのこだわりが強い一方で、周囲の評価を気にする面も強い**ように見えることです。極端に言えば、「自分が楽しい」ことよりも、「楽しんでいる自分を見てもらう」ことが目的であるかのように見えるケースもあります。

「いいね」をもらうために、日本全国に足を運んで写真を撮るようなエネルギーには、頭が下がるばかりです。しかし、それらの行為から、潜在的な自己肯定感の低さが、透けて見えるような気もします。

物事を合理性で判断する

とにかく無駄なことはしたくないという気持ちが強く、自分が納得するまで動かない傾向もあります。「この先輩に教わって、私はちゃんと成長できますか?」「私を納得させてください」といった、昭和世代には考えられないような発言をします。

車や家具、家電はもちろん、服飾さえも、衝動買いはせず、購入を検討する段階からじっくり下調べをします。その上で、返品・交換が可能なお試し使用やレンタル、サブスクリプション（使用料を支払い、期限付きで利用できるサービス）モデルを選ぶ世代です。**無駄遣い回避の意識が徹底している**と感じます。

また、職場の「雑用」を嫌がる傾向も強いです。仕事の「意義」が理解できないと、「意味のない、無駄な仕事を押しつけられている」と感じるのでしょう。**「自分の時間を投資する価値があるか?」とか、「自分の成長につながるか?」という合理的な判断が働く**ようです。

残念ながら、**職場の飲み会も「価値の有無」や「投資効果」で同様に判断されます**。付加価値を創出できるかどうか、上司世代の力量が問われるところです(食事に誘うシナリオは、190ページでご紹介しています)。

仕事よりもプライベートが優先

「社畜」という言葉が登場した社会的な背景に鑑みても、仕事よりもプライベートを優先する、もしくは、優先したいという人が圧倒的に多いです。「残業はしたくないです」と宣言する人もいれば、終業時刻になったら周囲の様子に構わず席を立つ人もいます。理由や背景は多々あると思いますが、特徴的な二つをご紹介します。

一つ目は、「**残業の意味や価値**」です。

合理性の話と重なりますが、残業で得られる物（＝お金）と失う物（＝時間）を、天秤《てんびん》にかけた結果の定時帰宅という、極めてシンプルなお話です。

子どもの頃からデジタル環境に囲まれ、情報過多なデジタルネイティブ世代にとって、**最も価値があるのは「時間」**でしょう。ネット上にあふれている興味・関心のある動画を、次々に〝倍速〟で視聴するという行動様式からも、その価値観がうかがえます。

二つ目は**雇用制度の変遷**です。会社が一生面倒をみてくれる終身雇用は終わり、自分の身は自分で守る時代になりました。会社と従業員の関係性も、いや応なく希薄になっています。

この状況に鑑みれば、「仕事とプライベートは、はっきり区別したい」とか、「なぜ、他の人の付き合いで残業しないといけないの？」と思うのは当然でしょう。むしろ、

この期に及んでも、会社や仕事を優先しろと言うほうが不思議な気もします。

ここまで、「今どき世代」の特徴をご紹介してきました。極端な例もありますが、思い当たる節はありましたでしょうか?

繰り返しになりますが、ジェネレーションギャップを嘆いても仕方ありません。まず、世代の特徴とその背景を理解することから始めましょう。その上で、**相手に合わせた指導をすること**が大切です。

それでは次のページから、具体的な事例をベースに、関係構築のシナリオを考えていきましょう。

社員No.
16

反応が薄い

系部下

● 何を言っても反応が薄い
● 表情が乏しく、何を考えているかわからない

エピソード

今年入社の高知さんは、何に対しても反応が薄いタイプです。全体ミーティングの場では、うつむいているばかりで、聞いているのかどうかよくわかりません。また、表情が乏しく返事もないので、話したことをどこまで理解しているのか、納得できているのか、さっぱり見当がつきません。

このままの様子では、仕事を任せられるのか心配になります。どうしたら、ちゃんと反応してくれるようになるのでしょうか。

指導ポイント

典型的な表現下手のタイプです。自分が表現しなくても、相手がちゃんと汲み取ってくれると思っているので、反応するという概念を持っていないことが多いです。

事実、本人の反応が薄ければ薄いほど、周囲は何度も問いかけたり、勝手にリードしたりしますよね。結果として、反応する必要性に気づかないまま、もしくはどう反応したら伝わるのかわからないままという状態になるようです。

このタイプには、まず、**人と触れ合うときは、きちんと反応する必要があるということから教えましょう**。

「えっ、それを会社で教えるの？」と思う気持ちは、よくわかります。しかし、ここでそもそも論を展開しても、部下の言動は変わりません。知らないことは教える、ただそれだけです。そして、特に若いうちは、教えればすぐにできるようになります。

それでは、まず言葉で表現することを教えるシナリオを考えましょう。

上司　高知さん、少しお話ししましょう。会社には慣れましたか？

高知　……（うつむいたまま、かすかにうなずく）。

上司　社会に出たら、自分の気持ちや考えを言葉にする力が必要ですよ。①**もう一度、練習してみましょう**。会社には慣れましたか？

高知　……はい。

上司　②**そうそう、その感じです**。コミュニケーションはキャッチボールなので、お互いにボールを投げ合う必要があるのです。イメージできますか？

高知　…………。

上司　難しかったようですね。だったら、③**それを言葉にしましょう**。

高知　え？

上司　例えば、④**「それってどういうことですか？」とか、シンプルに「意味がよくわかりません」と言えばいいのです**。

高知　はぁ……。

上司　言わないと、相手には伝わりません。じゃ、今どう思っている

①　まず、やらせてみる

②　できたら褒める

③　気持ちを言葉にさせる

④　模範例を示す

か、改めて言ってみてください。

高知 ……よく…わかりません。

上司 はい、そうです。そういう風に伝えれば、相手はもっとわかりやすく教えてくれますよ。じゃ、話を戻しますね。キャッチボールは知っていますか?

高知 ……(うなずく)。

上司 もう忘れちゃいましたか(笑)。(5)**ちゃんと言葉にしましょう**。

高知 …はい、………知ってます。

上司 そうそう、それです。今度は忘れないでくださいね。キャッチボールって、片方が投げるだけではなくて、お互いにボールを投げたり、受け取ったりしますよね。

高知 はい。

上司 (6)**おー、今の返事、素晴らしい! その調子です**。コミュニケーションとは、言葉でキャッチボールをするイメージです。

高知 …えっと……まだ、よくわかりません。

---

(5) 失敗を見すごさない

(6) できたら褒める

上司　**いいですね。**(7) (8)**キャッチボールなので、例えばAさんが何かを言ったら、それを聞いたBさんが返事をする。その返事を受けたAさんがまた何かを言い、それに対してBさんが、自分の考えを言う……これがキャッチボールです。**イメージは伝わりましたか？

高知　……はい。

上司　よかった。じゃ、(9)**明日から、どんな風にコミュニケーションを取るか言ってみてください。**

高知　……言葉で…返事します。

上司　いいですね。(10)**他には**？

高知　…………ちょっと…………思いつきません。

上司　(11)**それそれ、今のそれですよ！**ちゃんと自分の考えや気持ちを言えましたね。これを続けましょう。

高知　……はい…わかりました。

上司　(12)**その調子です。**それを忘れずに、実践してください ね。

(7) こまめに褒める

(8) できれば、ジェスチャーで見せる

(9) 行動を言語化させる

(10) さらに話させる

(11) 無意識の行動を意識させる

(12) 褒める

シナリオの解説

このタイプの相手を指導するには、**忍耐力が必要**です。反応が返ってくるまで、我慢強く、じっと待つしかありません。

しびれを切らして、**先走った答えを言わないことが重要**です。こちらが辛抱強く待っていれば、やむなく何らかの反応を返しますので、それをすかさず褒めましょう。

ただし、その場では反応できても、すぐ元に戻ってしまう可能性もあります。したがって、繰り返し、繰り返し、練習に付き合うことが必要です。毎日15分くらいから始めるのがいいでしょう。部下の成長に合わせて、**相づちを打つ↓相手の言葉を復唱する↓共感の表現をするようにして、少しずつレベルを上げる**ことがおすすめです。

できるようになってきたら、少しずつ頻度を下げ、基本行動として定着するまで継続的に指導しましょう。時間はかかりますが、反応しない部下にストレスを感じ続けるよりは、建設的なのではないでしょうか。

社員No.
17

斜に構える

系部下

- 周囲の盛り上がりに、ネガティブな発言で水をさす
- 労いや称賛の声に、皮肉を返したりする

エピソード

入社七年目の岡山さんは、何につけても、斜に構えるタイプです。仕事ぶりは優秀なのですが、誰かに褒められても、「ま、最低限のことしかやってませんから」と、取りつく島がありません。昨日の会議では、みんながアイデア出しに盛り上がっている中、「そんなの意味ないと思います」とバッサリ切り捨てたので、一気に雰囲気が悪くなりました。

なんとか協調性を身につけてほしいのですが、どうしたらよいでしょうか。

指導ポイント

元来、とても優秀なのですが、なぜか素直に自分を表現したり、他人を認めたりできないタイプです。周囲に対して、「永遠にわかり合えない」とか「自分とは人種が違う」と心を閉ざし、距離をとっています。

青少年期に仲間と衝突したり、周囲の大人から頭ごなしに否定されたりした経験が原因でしょうか。「心を開く」きっかけを掴めないまま、大人になった方が多いようです。

残念ながら、**放っておいても自発的な改善は望めない**ので、是正の働きかけが必要です。ただし、常に自分が正しいと思っているので、本人の考えや意見を論点にするのは逆効果です。心を開いてもらうには相当の時間がかかるので、まずは**周囲との摩擦を生まないような行動様式に導く**ことがおすすめです。

それでは、発言の仕方について合意するシナリオを考えてみましょう。

上司　岡山さん、一つ相談があります。

岡山　なんでしょうか。

上司　岡山さんの発言の仕方についてです。素晴らしい意見やアイデアがあるのに、それがうまく周囲に伝わっていないように思います。①**もう少し、みんなが受け入れやすいように伝えてもらえませんか？**

岡山　どういう意味ですか？

上司　②**例えば昨日の岡山さんのように、否定やダメ出しから入ると、意見が出にくくなりますよね**。

岡山　私は率直に自分の考えを言ったまでです。

上司　もちろん、それはよくわかっています。

岡山　ダメなものを、ダメと言って、どこが悪いのですか？

上司　悪いとは言ってないですよ。③**ただ、伝え方を工夫してほしいとお願いしているのです**。あの後、急に議論がしぼんでしまいましたよね。ああいうことが続くと、④**徐々に周囲から敬遠されてしまう**

① 率直に問題提起する

② 具体的な事象を示す

③ 論点を「言い方」に絞る

④ 懸念点を伝える

岡山　**のではないかと心配です。**

上司　私は誰に嫌われても結構です。

岡山　なるほど。岡山さんがそう思うのは、もちろん自由です。その一方で、(5)**ここは会社組織なので、社員は協力し合うことを求められています。そこは理解できますか？**

上司　まぁ、そこは……。

岡山　よかった。それと、もう一つ大事なことがあります。

上司　なんでしょうか。

岡山　(6)**会社員である限り、自分のことだけでなく、組織の成果を最大化する努力が求められるということです。**

上司　組織の成果？

岡山　はい、それが最も重要です。岡山さんは一人で何でもできるかもしれませんが、みんなの力を合わせれば、全体として、よりよい結果が得られることも多いですよね。なので、例えば、(7)**人の意見を否定するのではなく、「別の考え方としては……」という感じ**

(5) 大前提の理解を確認する

(6) 会社員の義務をリマインドする

(7) 模範例を示す

岡山　**で、ポジティブに言うのはどうでしょうか？**

上司　……それって何か意味がありますか？

岡山　はい、とても大きな価値があります。⑧**みんなが岡山さんの知識や考え方を学べれば、そこから全体的にレベルアップできますよね。**

上司　皆さんに私の考えが理解できますかね？

岡山　そうそう、問題はそこなんです！　だからこそ、⑨**みんなが理解しやすいように伝えてもらいたいのです。**

上司　…………。

岡山　なんとか協力をお願いできませんか？

上司　まぁ、そこまで言うなら、やってみてもいいですけど……。

岡山　よかったー、ありがとうございます！　⑩**誰にでも受け入れられる話し方が身につければ、岡山さんも一段とレベルアップできますね。**組織として大きな成果を出せるよう、一緒に頑張りましょう。頼りにしているので、よろしくお願いします。

上司　はい、わかりました。

---

⑧ 行動変容の価値を伝える

⑨ 率直な期待値を伝える

⑩ 本人のメリットも伝える

シナリオの解説

極めて優秀であるにもかかわらず、その才能をうまく使えていないことが問題なので、その活かし方を示すことが効果的です。自尊心が高い一方で、「誰かの役に立ちたい」という気持ちが強い人も多いです。**本人の発言を否定することなく、ポジティブな方向に導きましょう。**

また、優秀であるが故に、理屈が通っていることには逆らえない性質もあります。したがって、**会社員の義務を改めて伝えることも、合意を得るためには有効です。**

残念ながら、「あの人は斜に構えてるから……」「ああいう人だから仕方ない」と半ば諦めムードで、その言動を黙認してしまうケースも多いようです。しかし、それでは本人や周囲のメンバー、組織にとって何もいいことはありません。

「扱いにくい」と感じる相手かもしれませんが、せっかくの才能を活かせるよう、勇気を持って踏み込みましょう。

社員No.
18

プライベート優先 系部下

- 上司の誘いを断る
- 職場の懇親会にも参加しない

エピソード

今年入社の宮城さんは、徹底してプライベートを優先しています。仕事中にゆっくり話す機会もないので、思い切って飲み会に誘ったのですが、あっさり断られました。夜はオンラインの対戦系ゲームで忙しいそうです。

個人の誘いは仕方ないとしても、部門全体の懇親会にも参加しないのは、さすがにどうかと思います。職場のみんなと仲よくなるチャンスなのに、そこに来ないなんて意味がわかりません。このままでは、一匹狼になってしまいそうで心配です。なんとかならないでしょうか。

指導ポイント

自分の時間を大切にしたいことと、職場の人間関係を拒絶することは、イコールではないはずです。まず、そこを取り違えないように気をつけましょう。就業時間内の発言や行動に問題がないのであれば、第一関門はクリアです。

今どき世代は、無駄遣いを極端に嫌います。言い換えれば、価値のわからないものに、大切な時間を割きたくないのです。ここを突破するためには、「上司や先輩とも付き合う価値がある」と、部下に思ってもらうしかありません。

昭和世代は「飲み会で関係を構築」しようとしますが、それはもう通用しません。今どき世代は「**関係を構築してから飲み会**」という順序を求めます。

したがって、まずは業務中のコミュニケーションが重要です。慣れてきたら、まずランチに誘って、その価値を示しましょう。その上で飲み会や懇親会に誘えば、参加の確率も上がるのではないでしょうか。

それではランチの場面でシナリオを考えましょう。

上司　宮城さん、(1)**軽くランチでも行きましょうか？**
宮城　……はい。
上司　サクッと食べられる店がいいですよね。定食かパスタ、どっちがいいですか？
宮城　うーん……じゃ、定食でお願いします。
上司　ＯＫ。安くておいしい店を紹介しますよ。

【店に入って食べ始める】

上司　(2)**仕事は楽しめていますか？**
宮城　はい、まぁなんとか……。
上司　へー、すごいな。私なんて、一年目は失敗ばかりで毎日落ち込んでいたよ。
宮城　えー、そうなんですか。
上司　そうそう。(3)**お客様の電話を転送しようとして切っちゃったとか。**

(1) 軽めに誘う
(2) 状況を尋ねる
(3) 失敗談を語る

宮城　……スミマセン、私もそれやっちゃいました。

上司　あー、やっぱりやっちゃったか（笑）。みんな一回はやるよね。じゃ、大事な書類をシュレッダーにかけちゃったことは？

宮城　えーっ、そんなこともあったんですか？　さすがにそこまでは……（笑）。

上司　ははは、それはないか（笑）。④**じゃ、私よりずっと優秀だね。**

宮城　それで、その後どうなったんですか？

上司　今なら、データがあるけど、あの頃は紙だったからねぇ。当時の上司と客先に謝りに行って大変だったよ。

宮城　ひぇー、怖すぎます。

上司　まぁね。完全に「終わった」と思ったよ。でも、みんな優しかったな。怒られるどころか、かえって慰めてくれたりしてね。

宮城　えっ、怒られなかったんですか？

上司　うーん、今思えば、私があまりにも茫然《ぼうぜん》としてたので、誰も怒れなかったんじゃないかな（笑）。その上司には、今でも本当に感

④ 部下を褒める

謝してるよ。いつもいつも、フォローしてくれてね。

宮城 へー、他にも何かあったんですか？

上司 まだまだ山ほどあるよ（笑）。でも、⑤**今日はこのへんにしておこうか**。昼休み中にやりたいこともあるでしょ。

宮城 あ、はい。ありがとうございます。

上司 ⑥**続きは、また今度ね**。

宮城 はい、楽しみにしています。

上司 ⑦**あ、仕事で困ったことがあったら、何でも言ってね**。

宮城 はい、わかりました。ありがとうございます。

⑤ 早めに切り上げる

⑥ さりげなく次回を示唆する

⑦ 見守る姿勢を示す

シナリオの解説

このタイプの部下にとって、初めてのランチはとても重要です。お互いに楽しく、実りある時間になるように配慮しましょう。部下の緊張がほぐれるように、少しくだけた話し方がいいと思います。

話題として、いきなり部下の趣味やプライベートを尋ねるのは避けましょう。**自分が若かった頃の失敗談がおすすめです**。とはいえ、つい説教がましくなったり、自分の苦労話を自慢げに語ったりしないよう気をつけてください。

また、少し話が弾んだからといって、調子に乗ることも禁物です。**食事が済んだら、スマートに席を立ちましょう**。部下には、歯磨きやスマホのチェックなど、休憩時間にやりたいことが多々あるはずです。

大人のマナーとして、相手に配慮する姿勢を見せましょう。このように、少しずつ、段階を踏んで打ち解けていくことをおすすめします。

社員No.
19

猫をかぶる

系部下

- 表面上は「よくわかりました」と、優等生の発言をする
- 本当は理解していなかったり、裏で文句を言ったりする

エピソード

今年入社の大阪さんは、どうもよくわかりません。仕事や職場の規則等の説明には、「はい、よくわかりました！」と、元気よく返事をしてくれます。しかし、実際の行動がまったく伴わないのです。何度か同じ失敗があり、どうやら「空返事」をしているらしいと気がつきました。さらに、裏では文句を言っているらしいという話まで聞こえてきたのです。

理解できないとか、不満があるなら、その場で言えばいいのに、平然と心にもない返事をするなんて信じられません。どうしたらいいでしょうか？

指導ポイント

これは、上司との関わりを、最小限にとどめたいという考えに基づく行動です。とりあえず「はい」と答えておけば、無難にその場を逃れられると思うのでしょう。後々どうするという深い考えはなく、短絡的に目の前のことを考えている場合が多いようです。

また、相手が喜ぶような「模範解答」で、その場をやり過ごす傾向もあります。うっかり妙なことを言って、叱られたり、ネガティブな評価を受けたりすることを避けたいという気持ちの表れかもしれません。

模範解答は、もちろん本音ではありません。裏で文句を言っていると聞くと、なんとなく「腹黒い人」という印象を受けます。しかし、本人に悪気はなく、ぽろっと本音がこぼれてしまった程度の話だと思います。

このタイプには、まず**腹を割って本音で話すこと**を教えましょう。そのためには、**「何を言っても非難されることはない」という、心理的安全性を担保すること**が必要です。

上司　大阪さん、職場の規則はもう覚えましたか？

大阪　はい、もう完璧です！

上司　そうですか。実は①**帰宅後に、書類が出しっぱなしだったり、モニターの電源が消えてなかったりしたことがあったので、念のための質問です。**

大阪　それは、申し訳ありませんでした。

上司　②**うっかり忘れることは誰にでもありますからね。早い段階で習慣にしてしまうのがいいと思いますよ。**

大阪　はい、今後は気をつけます！　じゃ、私はこれで……。

上司　あ、ちょっと待って。まだ話は終わっていません。

大阪　何でしょうか？

上司　そんなにソワソワしないで、少し落ち着いて話しましょう。③**職場の規則なんて面倒臭いとぼやいていると聞いたのですが、本当のところはどうなの？**

大阪　えっ……、だ、誰がそんなことを……。

①　質問の意図を言う

②　寄り添う姿勢を見せる

③　率直に事実を尋ねる

上司　まったく責めてないので、安心してね。むしろ、そう思っているとしたら、④**私の説明不足なので謝らなければと思ったのです。**

大阪　謝る？

上司　⑤**ルールに納得していないのに、「はい」と言わざるを得ない雰囲気を、私が醸し出していたってことでしょ？　それは申し訳なかったなと思って。**

大阪　はぁ……。

上司　⑥**今後は、もし理解できないとか、納得できないことがあったら、その場で率直に言ってもらえませんか？**

大阪　はい、わかりました。そうします！

上司　それも、空返事に聞こえるなぁ（笑）。⑦**返事はよくても、約束が守られないと、だんだん周囲の信頼を失ってしまうんですよね。それは大阪さんにとって、いいことではないので心配です。**

大阪　はぁ……。

上司　人それぞれ、違う意見があるのは当たり前ですよね。だからこ

④ 上司のスタンスを伝える

⑤ 意図を説明する

⑥ 期待値を伝える

⑦ リスクを知らせる

そ、議論することが重要なのです。その上で、決まったことは全員が必ず守る。それが⑧**仕事のルール**です。意見を言わずにその場をやりすごしておいて、後から文句を言ったり、決まり事を守らなかったりするのは「ルール違反」というわけです。

大阪 なるほど、そういうことですか。

上司 周囲との信頼関係を築くことが仕事の基本です。そのためには、ルールを守ることが欠かせません。つまり、率直に自分の本音を語ることが、どうしても必要なのです。どうでしょうか、⑨**表面的な返事は卒業して、ちゃんと本当の意見を話してもらえますか？**

大阪 はい、わかりました。

上司 ⑩**もちろん私も、意見が言いやすい雰囲気を作るように努力します。本気で約束できますか？**

大阪 はい、約束します。

上司 よかった。じゃ、よろしくお願いしますね。

---

⑧ 仕事の原理原則を教える

⑨ 双方の歩み寄りという図式を作る

⑩ 約束を取りつける

シナリオの解説

まず重要なポイントは、**部下が「裏で文句を言っている」と決めつけないこと**です。自分の目や耳で確認した事実でない限りは、ニュートラルに質問しましょう。本人が認めるのであれば、そのような行為はルール違反であることを教え、自分の本当の意見を発言するよう促すことが効果的です。

シナリオの大阪さんのように、あえて明確に認めなかったとしても、まったく問題はありません。ポイントは「裏で文句を言っている」と認めさせることではないからです。それよりも、あるべき仕事のルールを、**部下が受け入れやすい方法で伝えること**が重要なのです。

いずれにしても、誰もが安心して異論を唱えられるような、職場の信頼関係を築くことが必要です。部下の言動を否定したり、非難したりしないよう、細心の注意を払いましょう。

第6章

問題を解消する育成シナリオ

上司力を磨く編

部下が育たないと嘆くより自分の育成力を磨くべき

本章では、少し方向を変えて、上司の指導力について考えたいと思います。

管理職になったばかりの方が、最も陥りやすい罠《わな》。それは「**自分でやったほうが早い**」ではないでしょうか。

初級管理職の方々に部下指導で困っていることを尋ねると、よく聞かれるのが次のような答えです。

- 忙しくて、教える時間がない
- 何に対しても後ろ向きな発言に、つい「だったら結構!」と言ってしまう
- ミスが多く、後からこっそり自分がやり直している

プレイングマネージャーのご苦労がしのばれる発言ですね。

しかしながら、できない部下に手を焼いているというお悩みの裏側に、自分が一人で仕事を回しているという、ほのかな自負が透けて見えるような気もします。

上司が優秀であることは、間違いありません。そもそも、優秀だから管理職に登用されたはずです。しかし、**プレーヤーとして優秀なことと、管理職として優秀なことは、まったく別の話**です。このスイッチの切り替えに、どうしても時間がかかるようです。

組織の力を最大化する方法を考える

そもそも、管理職は何をすればいいのでしょうか?

すごく基本的なことですが、これを具体的に示す組織が少ないのも不思議な話です。

組織からの期待値が示されなければ、努力のしようがありません。これは、どの階層にも当てはまる共通の課題です。

一般的に、部長（ディレクター）は、方向性を示す人、つまり「目標を設定する人」です。その下の課長（マネージャー）は、なんとかやりくりする人、つまり「示された目標を達成する人」ということになります。

ほとんどの組織には、達成すべき目標がありますよね。マネージャーは、ゴールにたどり着く（目標を達成する）ための計画を立て、役割を分担し、担当者を指名して、進捗管理することが主な仕事です。

つまり、マネージャーの使命は、メンバー全員を連れて、最も早く、最も安く、最も確実に、（そして、最も楽しく）ゴールにたどり着くこと。そのためには、一人でしゃかりきに頑張っても、埒《らち》が明きません。**メンバーの力を最大限に引き出し、協力し合う体制を作る**ことが必要不可欠というわけです。

部下の成長は上司の成長、そして組織の成長になる

組織の中で働く限り、部下が失敗しているのに、上司だけが成功を手にすることはあり得ません。仮に上司が大きな成果をあげても、組織としての成果があがらなければ

ば、上司の成果は意味を失ってしまう。それが組織人の宿命です。

組織として成果をあげるためには、部下の成功と成長が欠かせません。部下が成長して、きちんと成果をあげること。これが上司の成功です。そして、部下の指導・育成を通じて上司自身が成長すること。これこそが、組織全体の成長と成功を生み出すというわけです。

管理職になることはゴールではなく、新たな舞台の始まりです。会社からは、今度は管理職として、さらに成長することが期待されています。

「えーっ、もうお腹いっぱいです」と思う方もいるかもしれませんね。

しかし、**人は生きている限り、成長していく生き物**です。そして多くの場合、成長は仕事という、社会とのつながりを通じて実現されるものだと思います。それならば、自分の成長過程を楽しむのもいいと思いませんか？

人材育成は組織人の必須業務

上司であるあなたは、日々の業務の中で、どのくらいの時間を部下の指導に割いているでしょうか？

残念ながら、**人材育成に高いプライオリティーを置いている管理職は少ない**ように思います。プレイングマネージャーとして、目の前の仕事に追われるばかり。「時間があれば、部下を育てたいんだけどね……」という、管理職のぼやきが聞こえてきます。

果たして、部下の指導は、「時間があったらやる」という程度の優先度でいいのでしょうか？

日本の年功序列型ピラミッド組織は、世代交代が宿命です。一年ごとに自分の上の世代が減って、下の世代が増えていきます。好む、好まないにかかわらず、一年ごとに一段階上の仕事や役割が下りてくる仕組みです。

どんなに優秀な方でも、今の自分の仕事を抱えたまま、さらに上から下りてくる仕事を引き受けることは難しいでしょう。仮に二年分は頑張れたとしても、三年分の仕事を抱えたら破綻します。新たな役割を担うためには、今の仕事を部下や後輩に引き継いで、きちんと担ってもらわなければなりません。

つまり、**人材育成は組織人の必須業務**というわけです。残念ながら、これができない組織は弱体化していきます。

思うように育たない、言うことを聞いてくれない、一から十まで聞きに来る、報連相ができない、職場のルールを守らない、自発的に動かない……など、部下の指導・育成に頭を悩ませることは多いでしょう。

しかし、**組織にいる限り、「人材育成」の使命からは逃げられません**。それならば、「育成力」や「指導力」を磨くほうが合理的だと思います。

もしも、「どんな人でも育てられる指導・育成力」を手に入れられたら、この後の職業人生はバラ色になると思いませんか。

放置は上司の責任放棄

例えば、あなたの会社が製造する商品に機能不全があるとわかったら、そのまま放置するでしょうか？　答えはＮＯでしょう。細部まで精査して原因を追究し、改善策を講じますよね。

ではなぜ、力を発揮できていない部下や、問題行動を起こす部下は、そのまま放置してしまうのでしょうか。私が不思議に思うのは、この点です。**自社の商品にはエネルギーを注ぐのに、自社の人材にはエネルギーを注がない**。ちょっとアンバランスな気がします。

- 放置したくて、しているわけじゃない
- 何度も注意したけど、直らない

というお悩みも聞こえてきます。そのお気持ちは重々お察しいたしますが、だからといって、放置していいという理由にはなりません。

指導しないということは、「容認」「黙認」というメッセージになります。**注意しても変わらない状態を何度も黙認していることが、問題を悪化させている可能性が高いのです。**

残念ながら、部下も上司を見ています。

時折、思い出したように注意されても、「息を潜めて空返事しておけば、そのうち忘れる」と学んでしまえば、注意の効力はなくなります。

こうなると、上司と部下の知恵比べです。**部下の行動を変えるには、上司の本気を見せるしかありません。**Aの手法でダメならB、Bの手法でダメならC、Cの手法でダメならD……というように、創意工夫を凝らして、言い訳の逃げ道をふさぎましょう。

ただし、これは部下をやりこめたり、ギャフンと言わせたりすることではありません。組織で活躍する人材になってもらうこと、それこそが目的です。

指導の効果を上げるには「見守り＋フィードバック」

第3章で、部下の人格ではなく、発言や行動に絞った指導の仕方を解説しました。ここでは、その後の工程をお話しましょう。

指導した後は、**部下の行動をしっかり見守ることが重要**です。

仕事において、「～しっぱなし」は厳禁ですよね。言いっぱなし、聞きっぱなし、やりっぱなし、頼みっぱなし……は、すべてNG。「注意しっぱなし」も同様にNGです。

まず、**指導した内容が改善されていたら、すかさず褒めましょう**。

「そうそう、その感じ」
「さっきの言い方は、よかったですね」

と、こんな具合です。改善に気づき、きちんと褒める工程を飛ばすと、部下は「なーんだ。うるさく言われたけど、大して興味なかったのか」とがっかりし、すぐ元に戻ってしまいます。

もし褒められるレベルではなかったとしても、その**変化や努力を認めてあげる**ことが必要です。

また、一回できて褒めたら、それでOKというわけにもいきません。**何回も、「承認のフィードバック」を重ねましょう**。

初期の段階では、気をつけていても、うっかり昔のクセが出てしまうことがあります。しかし、それを見て見ぬふりしてしまう、つまり、何もフィードバックしないと、部下は「あれ？　もう興味なくなったのかな？」と判断し、少しずつ元に戻ってしまいます。これを避けるには、間髪入れずに、

「あれ？　昔のクセが出ちゃいましたね（笑）」

「気を引き締めて、また頑張りましょう」

と、再チャレンジを促せばいいのです。

このコミュニケーションを辛抱強く繰り返し、**行動変容が定着したと思ったら、「安定してできるようになったので、これで大丈夫ですね」と認定の一言をプレゼントしましょう**。これで「何度注意しても、すぐ元通り」状態は回避できます。

次に、指導したのに一向に行動が変わらない場合を考えましょう。このケースは、とにかく**放置しないこと**が成否を分ける重要なポイントです。時間を空けずにフィードバックしましょう。

こちらは第1章でお話しした、「①質問する→②原因を特定する→③対策を合意する」のシナリオの型（26ページ）で解決できます。

「また同じクセが出ちゃいましたね。自分で気がつきましたか？」

「本当にクセを直そうと思っていますか？」

「クセを直すために、どんな工夫をしますか？」


と質問して、原因を特定し、解決策を一緒に考えましょう。とにかく、**温かく見守り、タイムリーに声をかける**ことが成功のポイントです。

人事評価のストレスを解消する

部下の評価は、管理職にとって最も重要なミッションのひとつです。しかし、積極的、かつ、前向きに評価に取り組めている方は少ないのではないでしょうか。これには、さまざまな理由や背景があります。

- 上司自身が評価制度をしっかり理解しておらず、「やらされ感」で処理している
- 評価の時期に慌てて部下の日常を思い浮かべても、具体的な言動は思い出せない
- 評価の判断基準が明文化されておらず、主観に頼らざるを得ない
- 上司の評価と部下の自己評価の間に、大きな乖離《かいり》がある
- 一次評価の結果を、自分の上司に変更される
- 部下の質問、主張、反論に対して、論理的な根拠を示せない
- フィードバックの面談が紛糾すると、その後の関係がギクシャクする

● 一連の評価プロセスに、大量の時間を取られる

いかがでしょうか。これだけ並ぶと、「評価制度って本当に必要?」と疑いたくなりますよね。確かに旧来の「年功序列」制度であれば、右に挙げたようなストレスの要因は存在しなかったはずです。

ところが、社会環境の変化やデジタル技術の急激な進化によって、状況は大きく変わりました。一概に「経験年数が長く、年齢の高い人ほど組織に貢献している」とは、言い切れなくなってしまったのだと思います。

今や、若くて優秀な人材を引き寄せたり、つなぎ留めたりするために、成果主義の評価制度は欠かすことができません。 経営層が自社の将来を見据えて、評価制度を導入したのであれば、その意図を汲んで、しっかり制度を運用するのも、管理職の大切な使命です。

「業績評価」のポイントは目標設定

評価制度には、業績評価や能力評価、情意評価などがあります。まずは「業績評価」のお話をしましょう。

業績評価は、定められた期限までに、どのような成果を出すか、あらかじめ数値化した目標を設定し、その結果に基づいて評価する方法です。

評価者向けの講座を実施すると、「部下から『評価に納得がいかない』と言われた場合は、どうすればいいですか？」というご質問をいただくことがあります。

私は、「**残念ながら、それを言われた時点で上司の負けです**」とお答えしています。なぜなら、きちんと設定した「目標」を双方で合意し、滞りなく進捗確認していれば、そのような発言の出る余地はないからです。

しかし、「委託先と円満な関係を築く」といった、曖昧な目標を立ててしまうと、判断は完全に主観となり、双方の見解に大きな乖離が生じます。

多くの場合、上司は部下の提出した目標を精査することなく、受け入れてしまいます。自分で受け入れておきながら、満点の自己評価を出した部下に対して、「そもそも目標が低すぎる」とか、「何を根拠に円満な関係と言えるの？」などと、悪気なく言いがかりをつけるのです。

これでは、だまし討ちと思われても仕方ありませんし、部下のモチベーションが上がるわけもありません。

目的・目標・手段を明確にして合意する

目標を設定する際は、「目的」「目標」「手段」を明確にすることが必要不可欠です。

- 目的：何を達成するか
- 目標：どのレベルで達成するか
- 手段：どうやって達成するか

例えば、

- 目的：事務ミスを削減する
- 目標：昨年対比で、30％削減
- 手段：マニュアル改訂と研修実施

といった具合です。**目標は必ず「数値化」してください**。

しかし、先ほどの「委託先と円満な関係を築く」のような目標は、どのように数値化すればいいか、迷いますよね。

もし**目標を数値化できないときは**、「『委託先と円満な関係を築く』ことが本当の目的だろうか？」と、再考してみましょう。つまり、**「手段」を「目的」と取り違えていないか、精査する必要がある**のです。

このような目標が出てくるということは、現在の関係があまりよくないということですよね。例えば、生産性の改善要請を断られたり、ちょっとしたイレギュラーな対応を拒否されたり、行き違いによってミスが生じてしまったりしたのかもしれません。

それならば、本当に達成したい目的は「委託業務の生産性向上」や「コミュニケーション不足によるミスの撲滅」です。これならば、容易に目標を数値化できます。そして、目標達成のための手段が「円満な関係を築く」となるのです。

目標を数値化するだけで、業績評価は極めて簡単になります。あらかじめ達成すべき数値を合意しておけば、上司と部下の見解に差が出ることもないはずです。

多くの管理職が、評価することに時間とエネルギーを使います。しかし、**本当に時間をかけるべきなのは、目標設定**のほうだと覚えておいてください。

ただし、目標を数値化できるようになるためには、**思考の訓練**が必要です。

初めから上手にできる部下はいないので、粘り強く、丁寧に指導しましょう。目標設定をした後は、部下が目標を達成できるように、全力で支援することが大切です。

「能力」や「情意」の評価は、先に基準を伝えなければ意味がない

「能力評価」や「情意評価」は、企業独自の理念や行動指針などに基づいて作られます。しかし、**客観的な評価が難しく、上司の主観に左右されやすい**ので、運用は慎重に行う必要があります。

詳しい解説は専門書に任せるとして、ここでは簡単に説明しましょう。

「業績評価」の目標レベル（評価基準）は上司と部下の合意で成立しますが、「能力」や「情意」の評価基準は、人事の主導により、会社全体で統一されているものです。これが大きな違いです。

まず**能力評価**は、「業務の遂行に必要な能力を備えているか？」という点を評価します。計画力・課題解決力・判断力・折衝力などが一般的でしょうか。

例えば「計画力」であれば、

●レベル1＝自分の仕事を計画的に遂行できる
●レベル2＝自チーム全体の段取りを組める
●レベル3＝部門をまたぐ業務の計画を任せられる

というように、責任範囲の広さに応じて評価基準を定義するのも一つの方法です。
また「課題解決力」であれば、

●レベル1＝改善が必要な点に気づくことができる
●レベル2＝あるべき理想の状態を考えることができる
●レベル3＝解決の具体的な施策を立案できる

というように、レベルに応じて評価基準を設定する考え方もあります。

もう一方の**情意評価**は、仕事に対する意欲や姿勢を評価します。規律性・協調性・責任感・チャレンジ精神などの項目をよく見かけます。

しかし、考え方や姿勢を評価することは難しいですね。そこで、「その姿勢が行動に表れているか？」という、行動評価に落とし込む必要があります。

例えば「規律性」であれば、

- レベル5＝常に企業理念を体現し、他者にも同様の行動を示すよう働きかける
- レベル4＝常に企業理念を体現している
- レベル3＝おおむね、企業理念を体現している

……というように、まず理想の行動（レベル5）を定義し、そこからレベルに応じて評価基準を定める方法です。

また、情意評価の客観性を保つために、複数のステークホルダー（利害関係者）から、フィードバックをもらう方法や、360度評価（上司だけでなく同僚や部下からも評価されることで、多面的なデータから評価ができる）といった方法もあります。

いずれのケースにおいても、大前提として**全社員が評価の軸と基準を理解していることが必要**です。期待値を前もって伝えていないのに、上司が一方的に評価するのは、言いがかりに等しいですよね。

さらに、**「一度伝えたのだから、基準は知っているはず」という思い込みも危険**です。「後出し」だと思われないよう、評価期間が始まる前に再度説明しましょう。評価結果を伝える際に、理由の説明が必要なことは言うまでもありません。

繰り返しになりますが、人事評価は、組織と人材を育てるための制度です。しかし一歩間違うと、時間ばかりかかって成果があがらない上に、上下関係がこじれるという残念な事態に陥ります。成果を最大化できるよう、適切に取り組みましょう。

ここまで述べてきたようなプロセスを通じて、少しずつ上司の指導力は向上していきます。次のページからは、少し指導が難しい部下のケースを考えましょう。

社員No.
20

部下のモチベーションが低下したら

- 「やる気ないですから」と開き直る
- 「特にやりたいことはありません」と言い切る

エピソード

福井さんは今年四年目の社員です。入社以来、特に目立つことなく、ここまで育ってきました。大きな成果はありませんが、その分、特に失敗もなく、周囲からも安定した仕事ぶりを買われていました。

しかし、三カ月ほど前から、投げやりな態度や発言が出るようになりました。先日、五年目に向けたキャリア面談をしたときも、「別にやる気ありませんから」と開き直った態度です。将来の希望を尋ねても「やりたいことはないです」と、取りつく島もありません。なんとか前向きに働いてほしいのですが、どうしたらいいでしょうか？

指導ポイント

急激にモチベーションの下がる要因があったと思われますが、この時点では、それが仕事のことなのか、プライベートのことなのかわかりません。

ただし、**ふてくされた態度を見せるのは、まだ心を閉じていない証**です。本当に心が離れたら、感情を見せることもなくなります。投げやりな発言は「誰かに助けてほしい」というSOSのサインなので、十分に話し合いの余地があります。

ここで大事なことは、**部下のネガティブな態度に巻き込まれて、こちらまで感情的にならないこと**です。程度の差はあれど、誰にでもこういう時期はありますよね。まずは、じっくり話を聞きましょう。

ただし、この精神状態から、一気に解決を目指すのは非現実的です。時間をかけて少しずつ、傷ついた部下の心を解きほぐしましょう。

上司　福井さん、このところ少し気分が下がっているようですね。①**何か嫌なことでもあったのですか？**

福井　……別に。

上司　なるほど、話したくないってことですね。大丈夫ですよ。無理やり聞き出すつもりはありませんから。じゃ、私が勝手に話すので、よかったら聞いていてくださいね。②**福井さんは、今年四年目ですよね。働き始めたのは、何歳のときでしたっけ？**

福井　……23歳です。浪人したので……。

上司　そうでしたか。じゃ、まだ27〜28歳ですね。いいなぁ、若くて。

福井　……。

上司　③**今の時代は65歳くらいまで働かないといけないですよね。あ、福井さんの頃には、70歳くらいになっているかな。**

福井　……。

上司　23歳から70歳まで働くって、恐ろしく長いですよね。

福井　……はぁ。

① 率直に質問する

② 簡単な質問で会話に巻き込む

③ 未来に目を向けさせる

上司　当たり前ですが、長～い職業人生は山あり谷ありです。40年以上にわたって、ずーっとモチベーションが高いなんてこと、(4)**ありえ得ないですよね**。

福井　……え？

上司　だって40年ですよ？　上がったり、下がったり、それが当たり前です。(5)**私だって、何度もアップ&ダウンがありました**。

福井　……そうなんですか。

上司　(6)**そりゃ、そうですよ。誰だって同じです**。だから、そういう時は素直に周囲に頼って、自分は省エネモードでいればいいのです。元気になったら、支える側になればいいだけですよ。

福井　……なるほど。

上司　ただし、一つだけルールがありますよ。

福井　ルール？

上司　はい。それはネガティブな空気を出さないことです。ネガティブな空気は、人を嫌な気持ちにさせますよね。(7)**他の人が自分の分ま**

(4) 寄り添いの声かけ

(5) 自分の経験も話す

(6) お互い様だと安心させる

(7) 周囲への配慮に気づかせる

福井　で頑張ってくれているのに、その仲間の足を引っ張るのはマナー違反です。

上司　……なるほど。申し訳ありません、もしかしたら自分はネガティブな空気を出していたかもしれません。

福井　自分でそう思いますか？

上司　はい、申し訳ありませんでした。

福井　大丈夫、気づいたら改めればいいだけです。いろいろと悩みはあると思うけど、⑧一人で抱え込まないでくださいね。

上司　はい、ありがとうございます。

福井　⑨時間が解決することもあると思うので、また再来週くらいにお話ししましょう。

上司　再来週ですか？

福井　結論を聞きたいわけではないので大丈夫です。話せる範囲でいいので、⑩気持ちが晴れるまで時々話を聞かせてもらえませんか？

上司　わかりました。よろしくお願いします。

⑧ 寄り添いの声かけ

⑨ コミュニケーションを途絶えさせない

⑩ じっくり付き合う意思を伝える

シナリオの解説

よくないとわかっていながらふてくされている部下に、あえて注意をしても効果はありません。**部下の心を、さらに頑なにしてしまう危険**があります。どんな理由で落ち込んでいるかがわかるまで、ここはそっと寄り添いましょう。

本音を言えば、自分で解決する力を身につけてほしいものですが、若いうちは、それも難しいことです。**ふてくされた態度で甘えてくるのは、信頼の裏返し**です。上司冥利に尽きると喜びましょう。

大事なことは、**部下に孤独を感じさせないこと**です。コミュニケーションを途絶えさせないように、少し頻度を上げて話を聞きましょう。話を聞いてもらうだけで、心が軽くなることはありますし、自分で答えを見つけられる可能性もあります。

ただし、無理やり聞き出すことはご法度です。特にプライベートな話題には、気をつけましょう。とにかく焦らず、部下のペースに合わせることがポイントです。

社員No.
21

不平不満が多かったら

- 「○○さんは、仕事が少なくてずるい」と文句を言う
- 「こんなにやっているのに、まったく評価されない」とあちこちで吹聴する

エピソード

愛知さんは今年三年目の社員です。仕事はよくできるものの、なぜか被害者意識が強いことが気になります。いつも、他人と比べては、「自分ばかり仕事を押し付けられている」とか、「こんなに貢献しているのに、周囲と同じ評価なのは不公平」と、不平不満を口にします。困ったことに、この不満をあちこちで声高に吹聴するので、上司の私が悪者のように聞こえます。

この被害者意識を払拭するには、どうしたらいいでしょうか？

指導ポイント

何かにつけて「自分は正当に評価されていない」と考える、承認欠乏状態です。褒められているのに、それが表面的な社交辞令のように思えて、常に真の承認や称賛といった、目に見える評価を求めています。

「仕事は、できる人のところに集まるもの」と、もっともらしく諭す上司を見かけますが、それで部下が納得するわけではありません。むしろ**「不公平を容認している」というメッセージになるので逆効果**です。

組織の構造上、「能力」と、ポジションや報酬が見合わない時期は、誰にでも起こり得ます。昇進や昇格があれば、被害者意識も収まりますが、その一方、被害者意識がある人を昇進させる組織はありません。

このタイプには、**組織論や組織の人材活用方針を説明するなど、視座を高めるような働きかけが必要**です。

それでは、給与と評価の査定方法の話を例にとり、シナリオを見ていきましょう。

課長　愛知さん、いつも素晴らしい仕事をしてくれて、ありがとう。

愛知　えー？　本当にそう思ってますか？　なんか、ちっとも報われない気がするんですけど……。

課長　①**報われないって、どういうことですか？**

愛知　だって、やってもやらなくても、給料って同じじゃないですか。

課長　なるほど。自分はもっと高い給料をもらうべきってことですか？

愛知　まぁ、そうはっきり言われると……。でも、仕事の量や質に対して、公平に評価してもらいたいです。

課長　なるほど、そう思うのは当然ですよね。愛知さん、②**会社員が給料を増やすには、どんな方法があると思いますか？**

愛知　えーと……何年も働くか、出世するか……ですか？

課長　その通りです。でも長年働くだけだと、昇給の幅は限られます。大幅アップを目指すなら、昇進するしかありません。

愛知　え、私に昇進しなさいって言ってますか？

課長　いいえ。ただ、大幅に給料をアップするには、昇進しか道がない

---

① 真意を言語化させる

② 質問で考えさせる

と言ったのです。愛知さんは、③**昇進を目指したいですか？**

課長　んー、まぁ、やれと言われたら考えなくはないですけど……。

愛知　④**残念ながら、その考え方だと昇進は遠そうですね。**

課長　え、もっとガツガツしないとダメですか？

愛知　常に目標を設定して、それに向かって努力し、達成するのが仕事の基本ですよね。つまり⑤**昇進には、目標を設定して、それを目指して努力する能力が必要です**。行き当たりばったりや、成り行き任せでは、組織のリーダーは務まりません。

課長　はぁ……。

愛知　それともう一つ。組織にはさまざまな人がいるので、適材適所で協力し合える体制を作ることも必要です。⑥**できない人を非難しても始まりません**。残念ながら、ネガティブ発言する人材を登用する会社はないと思います。

課長　じゃぁ、不公平なのを我慢しろってことですか？

愛知　もちろん能力と収入は、正比例するのが理想ですよね。でも、組

③ 率直に尋ねる

④ 率直に伝える

⑤ 原理原則を教える

⑥ 率直に指摘する

織の構造上、一時的にギャップが生じることは避けられません。それは理解できますか？

愛知 はい、それはわかります。

課長 よかった。でも、⑦**その一時的なギャップ期間に腐っていたら、先は閉ざされてしまうのです。**

愛知 ……なるほど。

課長 ⑧**私個人としては、愛知さんにとても期待しています。**

愛知 え、本当ですか？

課長 もちろんです。でも、そのためには仕事だけでなく、昇進に相応しい発言や行動を示す必要があります。⑨**どうでしょうか、目標を定めて努力できそうですか？**

愛知 課長の言われていることは、何となく理解しました。少し考えてみます。

課長 よかった。では方向が定まったら教えてください。⑩**具体的にどうすべきか、一緒に考えましょう。**

⑦ リスクを教える

⑧ 率直な期待を伝える

⑨ 意思を問う

⑩ 支援する姿勢を示す

シナリオの解説

「正当に評価されていない」という言葉は、自分の能力に自信あればこその発言であり、多くの場合は、「自分を登用すべき」という暗黙の意思表示のように思います。

上昇志向があるのは、とてもいいことです。しかしながら、このタイプは、本人が自分の上昇志向を自覚していなかったり、不平不満を口にしていることに気づいていなかったりする場合も多いのです。

「不公平だ」「報われていない」などの被害者的な発言が、周囲を動かすと勘違いしている点が問題です。

したがってこのタイプには、**すべきことと、すべきでないことを、明確に教える**必要があります。とにかく、早い段階で勘違いや問題行動に気づかせましょう。

その上で、**率直な期待を伝えれば、相手も素直に受け入れやすい**のではないでしょうか。もともとの能力は高いので、きちんと導けば素晴らしい活躍をしてくれるはずです。大事に育てましょう。

社員No.
22

年上のベテランが部下になったら

- ベテランの部下に仕事を頼みにくい
- 先輩部下の指導がしにくい

エピソード

徳島さんは、長年この会社で働いているベテランです。さまざまな実績や経験があるので、この部署に異動が決まったときは、大きな活躍を期待していました。ところが、プライドや年齢的なこともあるのか、新しいことへの順応を避けているように見えます。二言目には「前の事業部では……」とお手柄話を始めるので、若手も少し煙たがっているようです。

今日、事務処理を頼んだところ、「え、こんなことやってるの？　こんなの時間の無駄だから、やらなくていいよ。なんなら社長に言ってやろうか？」と、断られてしまいました。どうしたらいいでしょうか？

指導ポイント

まず、**ポジションはただの役割であり、決して人間の優劣ではない**と理解しましょう。部下といえども〝人生の先輩〟ですから、敬意を持って接することが必要です。例えば学生時代の部活で、練習の中心が下級生に移り、なんとなく疎外感を感じた経験をお持ちの方も多いでしょう。職場も同様で、下の世代が主流になるに連れて、徐々に自分の居場所がなくなるさびしさを感じるのではないでしょうか。

徳島さんはまさに、このさびしさや、焦りで葛藤しているように見えます。自分の存在価値を示そうと、無意識に虚勢を張っているのでしょう。

ここで周囲が**過度に気を遣うと、かえって距離感や疎外感が生じますので要注意**です。

実際、部下の指導に、年上も年下もありません。年上部下の指導を難しくするのは、上司の側の遠慮や気後れです。**先入観を捨てて、オープンに話し合いましょう。**

上司　徳島さん、この部署の業務には慣れましたか？

徳島　いやー、何だかいろいろと細かくて大変だね。

上司　新しいことを一から学ぶって、大変ですよね。本当に頭が下がります。私も説明できていないことが多いので、何かあったらいつでも声をかけてください。

徳島　そう言ってもらえると助かるよ。

上司　徳島さん、(1) **この部署でやってみたいことはあるのですか？**

徳島　いやー、そんなのまったくないよ。

上司　そんなはずないでしょう。遠慮なく何でも言ってみてください。

徳島　いや、本当にない。正直、静かに余生を過ごせれば……ってね。

上司　そういうことですか。ちなみに、会社の未来を考えることはありますか？

徳島　そりゃ、期待してるよ。当たり前だろう。

上司　よかった、じゃ (2) **私たちの目指す方向は一緒ですね**。

徳島　……まぁ。そうだね。

(1) 意向を尋ねる

(2) 方向性を共有する

上司　もちろん我々も、会社の未来に向かって努力しています。若手の士気も高いのですが、気づかれましたか？

徳島　そうそう、やたら前向きな連中が多いよな。ビックリしたよ。

上司　はい。でも、士気は高いですが、まだまだ未熟です。そこでご相談なのですが、(3)**徳島さんの力を貸してもらえないでしょうか？**

徳島　え、どういうこと？

上司　若手を育ててほしいのです。

徳島　でも、彼らは私の言うことなんて聞かないんじゃないかな？

上司　はい、(4)**その点は少し工夫が必要です**。今の子は一方的に言っても聞きません。まず(5)**彼らと対等な関係を築く必要があります**。

徳島　対等な関係？

上司　はい。お互いに教えたり教えられたりする、助け合える仲間です。

徳島　私が教えられること、あるかな？　実務もよくわからないし……。

上司　実務は彼らが教える役です。人に教えることで、いろいろ学びがありますからね。(6)**何でも、何回でも質問してください**。

(3) 率直に協力を要請する

(4) 相手の興味をひく

(5) 期待値を伝える

(6) 教わりやすい環境を作る

徳島　それはよさそうだね。

上司　はい。その代わり、⑦**徳島さんには仕事術を教えてほしいのです。段取りの組み方や、調整の仕方、特にトラブルのリカバリー方法とか、ぜひ教えてください。**

徳島　なるほど。

上司　⑧**ただし、大事なことは、あくまでも対等な関係です。彼らなりのプライドもあるので、そこはフェアにＷｉｎ・Ｗｉｎな関係構築をお願いします。**

徳島　具体的にどうすればいいの？

上司　⑨**相手を尊重して、丁寧で親しみやすい語り口をお願いします。最も重要なのは、弱みを見せることなので、わからないときは、率直に「わからない」と言うことの重要性も教えてやってください。**

徳島　私にできるかな？

上司　大丈夫です。ぜひ力を貸してください。

徳島　わかった。やってみるよ。

⑦ 具体的な期待値を示す

⑧ 念を押す

⑨ 具体的な行動を伝える

シナリオの解説

ベテランの社員は、とにかく**積極的に巻き込むことが効果的**です。価値ある経験や知識をたくさん持っているので、後進の育成に協力してもらわない手はありません。

そのためには、ベテラン社員が若手と関わる機会を、なるべく多く作りましょう。

ただし、**若手との接し方は、事前にアドバイスしておくこと**をおすすめします。若手側にも、同様の説明をしておきましょう。

また、適材適所も考慮する必要があります。年代やそれまでのキャリアによってさまざまですが、一般的にはIT系や、細かい作業は苦手な場合が多いようです。

とはいえ、貴重な一人枠なので、やりたい仕事やできる仕事だけでOKというわけにもいきません。率直に得手不得手を尋ねた上で、こちらの期待値も伝え、お互いに歩み寄りましょう。新しい仕事を説明する際は、ゆっくり丁寧に。マニュアルは、大きく太い字で作成する気遣いも忘れずにお願いします。

社員No.
23

退職の相談を受けたら

- 仲のいい同期が退職して以来、元気がない
- いきなり「辞めようと思う」と言われた

エピソード

奈良さんは今年二年目の社員です。ここまで順調な成長ぶりで、最近は一人で任せられる仕事も増えました。内心、頼もしく思っています。

ただ気になるのは、先月、奈良さんと仲のよかった同期の社員が退職してしまったことです。それ以来、どうも元気がありません。一人でさびしそうなので、ランチに誘ってみるのですが、あまり乗ってきません。どうしたものかと考えているところに、突然「実は会社を辞めようと思っている」と言われてしまいました。なんとか引き止めたいのですが、どうしたらいいでしょうか？

指導ポイント

同期の退職を引き金とする「連鎖退職」は、特に職歴の浅い20代に見られる、特徴的な現象です。目指す方向性や自分の職業観が定まっていないが故に、同年代の仲間の離脱はインパクトが大きいのでしょう。「置いて行かれた」とか「取り残された」と感じ、さびしさも相まって、妙に気持ちが焦るようです。

実際には、次の就職先や今後の展望がなく、明確な退職理由を言えないことも多いです。このように、なんとなくの流れで退職してしまうことは、本人の人生にとっても、あまりいいことではないでしょう。

この状態の部下には、**職場の中に自分の居場所を確立させること**が大切です。自分の足元がしっかり固まれば、同期の離脱に動揺することもなくなるでしょう。まずはじっくり話を聞いて、落ち着かせること。そして、**「組織はあなたを必要としている」と率直に伝えましょう**。

奈良　実は会社を辞めようかと思っているんです。

上司　えっ、それはずいぶん急な話ですね。何かあったのですか？

奈良　いいえ、特に何かがあったわけではないのですが……。

上司　なら、どうして？　よかったら理由を聞かせてもらえませんか？

奈良　なんとなく……。すみません、自分でもうまく説明できなくて。

上司　なるほど。次にやりたいことは決まってるの？

奈良　いいえ……まだ特には。

上司　そうですか。①**少し話は変わるけど、今の仕事は楽しいですか？**

奈良　まだ楽しむ余裕はないですが、まぁ嫌ではないかもしれません。

上司　やっぱり！　そうじゃないかなと思っていました。奈良さん、実はすごく覚えが早いんですよ。②**二年目でここまでできる人に、私は初めて会いました**。だから、きっとこの仕事に向いてるんだろうなーと思っていたんです。

奈良　自分ではまったく意識してませんでした。

上司　自分では気づけませんよね。でも、③**私としては本当に助かってい**

①方向を変える質問

②率直に褒める

③率直に褒める

るし、申し訳ないけど、頼りにしてる部分も大きいのです。

奈良　えっ、そうだったんですか。

上司　奈良さんの人生だから、口を出すつもりはないけど、今辞めちゃうのはもったいないなぁというのが正直な気持ちです。このまま働いていたら、大活躍できるのに。

奈良　そうなんでしょうか？

上司　私はそう思います。それに今辞めると、リスクもあります。

奈良　リスクですか？

上司　今は売り手市場だから、選り好みしなければ、仕事は見つかると思います。ただ、(4) **今だと第二新卒の扱いになるので、給料が下がっちゃうかなって**。せっかく二年働いたのに、リセットしちゃうのはもったいないですよね。

奈良　はー、そういうことになるんですか。

上司　まぁ、絶対そうとは言い切れませんが、その確率は高いかなと。それに次の仕事も、実際に働いてみないと、自分に合うかどうか

(4) リスクを教える

わからない点もリスクですよね。

奈良 ……確かに。

上司 やりたい仕事が明確なら転職もいいと思うけど、今じゃなくてもいいのかな。何より、(5)**奈良さんが辞めちゃうと私が困ります**。

奈良 いやいや……。

上司 本当ですよ。奈良さんレベルの人を育てるのに、普通なら三年以上かかりますからね。会社にとっても大きな損失です。

奈良 そこまで言ってもらって光栄です。

上司 私は事実を言ったまでです。なので、もし次のことが決まっていないなら、少し時間を取って、ゆっくり考えてみてもらえませんか？　私はまだまだ奈良さんと一緒に仕事をしたいと思ってます。(6)**何か新しい、面白いことを一緒にやりたいです**。

奈良 わかりました。少し考えてみます。

上司 よかった。じゃ、(7)**また来週くらいにお話ししましょう**。

奈良 はい、よろしくお願いします。

---

5 率直に気持ちを伝える

6 未来を想像させる

7 間を空けすぎない

シナリオの解説

本来は、じっくり話を聞くのが基本です。ただし、自分でもモヤモヤの原因がわかっていないことも多いので、その場合は無理に話させず、**こちらの考えや思いを伝えることが効果的**だと思います。

奈良さんのように、自分の居場所がここでよいか確信できず迷っているときには、**上司や会社から「評価されている」「必要とされている」と実感できることが大きな救いになります**。ただし、ナイーブな状態になっているので、あまり、押しつけがましい話はNG。最低限を伝えて、あとは部下が自分で考える余地を残しましょう。

また、結論を急かすことは避けたいですが、放置しすぎることも危険です。**適度な期間をおいて、次の話し合いを持つ**ことをおすすめします。この間、急にこまめな声かけをすることは不自然です。周囲にも違和感を与えますので、注意してください。

すべての基本は日常のコミュニケーションにあると、ぜひ覚えていてください。

人間関係は合わせ鏡

あなたは、部下にどのくらいの興味や関心をお持ちでしょうか？
本気で、部下を大切な仲間だと思っていますか？
その思いを、どのくらい言葉や行動で示していますか？

私の講座にいらっしゃる管理職の方々に、「手強いと感じる部下の言動は？」と尋ねると、さまざまな答えが返ってきます。

- 朝礼で話をしているのに、そっぽを向いている
- 小さな言い間違いを捉えて、揚げ足を取ってくる
- 自分のミスや理解不足を認めない
- 後輩へは、やたら強い語気で指摘する

●過去の行き違いを延々と根に持つ
●話すときに相手の目を見ない
●何を言っても無反応
●陰で不平不満や悪口を言っている

受講者のご苦労がしのばれる内容ですね。これを見たら、「管理職になりたくない」と思う気持ちも理解できます。

しかし、これらの事象は一つの側面にすぎません。別の角度で捉えたら、何が見えるでしょうか？

その答えを見つけるためのヒントが、冒頭の三つの質問です。

私は常々「**人間関係は合わせ鏡**」とお伝えしています。

例えば、上司が部下に関心を示さなければ、部下も上司の話を聞いてくれなくなります。上司が部下を褒めず、ダメ出しばかりしていれば、部下も上司のあら探しを始めます。上司が自分の失敗を認めなければ、部下も平然と責任逃れの言い訳をするでしょう。

つまり、**自分が注いだエネルギーと、同じ質・同じ量の反応が返ってくる**ということです。部下の反応がよそよそしいと感じたら、「自分は部下に対して、常に親しみあふれる態度を示しているだろうか?」と、内省することが大切なのです。

さらにもう一点。**自分の立ち居振る舞いも、一度チェックしてください**。

例えば、腕組みをしたまま部下の話を聞いたり、腰に手を当てて仁王立ち状態で話をしたりしていませんか? また、普段から声が大きいとか、早口や断定口調で話す習慣はありませんか? どの仕草も「威圧的で怖い」とか「人を見下した態度で偉そう」という印象を与えてしまうので要注意です。

本当は誰もが仕事で輝く自分を夢見ている

本書では、「上司の期待通りに動いてくれない部下」の育成方法に主眼を置いて解説してきました。しかし、改めてご理解いただきたいのは、**部下に悪気はない**ということです。

入社初日から、「この会社のお荷物になってやろう」とか、「上司を困らせてやろう」などと思っている人は、いるわけがありません。誰もが、「この会社で活躍する自分」をイメージしているはずです。

歯車がかみ合わないことは、いくらでもあるでしょう。その小さなズレは、すぐに手を打てば簡単に修正できます。しかし、放置すればズレは広がります。どんどん修復が難しくなり、ついには手に負えなくなるというわけです

組織の中に「手強い部下」を生み出す風土がある限り、もぐら叩きは続きます。

大切な人材を育てる文化・風土を作ることが、部下の育成ストレスを解消する、最高の近道だと思います。

部下の成長は上司の成功であり、育成を通して上司が成長することが、組織の成功

と成長につながります。**Win・Win・Winの三方良し**を目指して、楽しく部下の育成に取り組みましょう。

「どんな人でも育てられる育成力」があれば、もう悩まない！

私はカスタマーサービスの仕事を通じて、約20年にわたり人材育成に取り組んできました。最初はうまくいかないことばかり。未熟な私のせいで、貴重な成長の機会を逃してしまった部下が大勢いたと思います。申し訳ない限りです。

なんとなく「こういうことかな?」と、コツが掴めたのは14年目くらいのことです。その頃から、部下育成のストレスが消え、むしろ楽しくて仕方なくなりました。

では、なぜ育成スキルを習得するのに、14年もかかったのでしょうか?

答えは簡単。誰も体系的に教えてくれなかったからです。

コミュニケーションに関する本や人材育成のノウハウ本は何冊も読みましたが、

「しっかり指導しましょう」というような理論ばかり。具体的にどのような指導をすればいいのかわからず、トライ＆エラーの繰り返しでした。

それがまさに、この本を書こうと思った理由です。

私がたどり着いた「育成手法」が、ベストなどと言うつもりはありません。ささやかですが、「成功する選択肢の一つ」として、お試しいただけたら幸いです。

管理職の皆さまが、楽しみながら「大切な人材」を育てられるよう、心から応援しております。最後までお付き合いくださり、誠にありがとうございました。

2023年4月

和泉祐子

和泉祐子（いずみ・ゆうこ）

カルディアクロス 代表　／　人材育成・組織開発コンサルタント

上智大学外国語学部卒。外資系の商社に勤め、28才で初の昇進。元上司が部下になるという、逆転現象の洗礼を浴びる。米国本社でコールセンターと出合い、以降、外資企業6社でセンター長を歴任。「どんな人でも育てられる育成力があれば、人を選ぶ必要は無くなるはず」と考え、「採用基準のいらない組織作り」に邁進する。やがて業界屈指の優良センターとなり、数々の表彰を受ける。独自の手法が評判となり、延べ2200人の見学・聴講者を受け入れた。2016年に独立し、現在は組織開発や人材育成、女性活躍を主なテーマに、コンサルタント・講師として活躍中。「コールセンターの教科書プロジェクト」共宰。

もし部下が「やる気」をなくしたら
リーダーが1年目に学びたいこと

2023年4月18日　初版発行

著　者　和泉祐子
発行者　野村直克
発行所　総合法令出版株式会社
〒103-0001 東京都中央区日本橋小伝馬町15-18
EDGE小伝馬町ビル9階
電話　03-5623-5121
印刷・製本　中央精版印刷株式会社

落丁・乱丁本はお取替えいたします。

ISBN 978-4-86280-898-1

総合法令出版ホームページ　http://www.horei.com/